逃げる力

逃跑的勇氣

積極的逃，
是為了在人生中
贏得最後勝利

Naoki Hyakuta
百田尚樹
劉愛夌——譯

第三章・逃離工作的勇氣

第四章・逃離人際關係的勇氣

第五章 • 什麼時候不可以逃？

第六章・逃離突發危機

第七章・為珍愛逃跑

推薦序．

且戰且走，英雄本色

日本作家百田尚樹先生，以日本戰時神風特攻隊的事跡，著成其生平第一部小說《永遠的〇》，初試啼聲，即聲名鵲起；繼之再以《名為海賊的男人》一書，榮獲日本「書店大獎（本屋大賞）」；最近的《日本國紀》更是創下上市前已有五萬本再印的佳績，可謂出一本賣一本，足見其在發掘題材，著書立言上，確有獨到之處。這本最新的著作《逃跑的勇氣》，是他在評論文章上的牛刀小試，依舊獲得日本書市的注目。

日文關於「逃」的動詞，就是一個「逃げる」，再無其他。這似乎也標誌著日本人對於「臨陣脫逃」行為的單一看法：「逃亡可恥」，惟其可恥，故日本人易將自己逼入絕境。二戰期間，大批日本年輕士兵，在戰無可戰之時，仍堅持戰至最後一兵一卒，這種作戰精神，日本人以「玉碎」名之，逃亡可恥、不逃可貴，不逃不降的行為，才是日本人的美學意識。所以，戰時的日本兵會「玉碎」，戰後的日本上班族會抱病上班、會超時過勞、會逆來順受，全都是日本人不精於「逃」所致。

一如百田於本書中所提：百獸生而能逃。逃者，本能也；動物之善逃者，莫過於蟑螂，一有風吹草動，即能以每秒身長三、四倍的距離，溜之大吉。所以，人而不逃，豈非禽獸不如？坐以待斃，聖賢不為；且戰且走，英雄本色。

相較起日本人，其他國家的人大多沒「玉碎」這樣的「美學」。以中國而言，「逃」可以寫成「走」「竄」「遁」「閃」「溜」，好比中國菜的「煎」「煮」「炒」「炸」「燉」，可謂種類繁多、體例具備。遠的如楚漢爭霸，劉邦尿遁，成就漢朝四百年帝業；近的如國共相爭，毛澤東萬里長竄，厥有中共建國。「逃」之為用，斑斑可考矣！

當然，百田強調「逃」的重要，絕非遇事一逃了之，而是勢不可為時，懂得適時收手，以圖東山再起。故善逃之餘，還須善記：記著教訓，以免覆轍重蹈。《逃跑的勇氣》，指點我們逃的條件、逃的方法，乃至逃的心理，可謂逃的百科全書，可以補世道之不足。讀者披閱，定能擊節歎賞，一新聞見也！

老侯　二〇一八年臘月　識於日本東京

前言

看到「逃」這個字，你會想到什麼呢？

逃離公司、逃離人際關係、逃離瓶頸……相信大多人都對「逃」抱持著負面印象吧。

做人必須事事忍耐，凡事以完成職責為優先。逃跑是消極、丟臉的行為，其他人知道一定會看不起我的——你是不是也這麼認為呢？

這其實是非常錯誤的觀念。事實上，「逃跑」和「戰鬥」一樣，都是相當積極的行為。

每個人都有珍愛的人事物，就拿我來說吧，我最看重的是自己的性命，其次，則是家人。

為了守護至愛，我們經常面臨要「戰」還是要「逃」的選擇。如果戰鬥無法改變現狀，或是戰了也沒有好處，逃跑當然就是上策。逃跑雖然感覺丟臉，卻並非不可行。

相信各位都聽過「三十六計，走為上策」這句話。這句話出自魏晉南北朝時代的知名兵書——《三十六計》的最後一計，意為「逃跑才是最高明的計策」。

該書編按：「沒有勝算就應全力撤退，指揮官為將損害降至最小而迴避作戰，代表他沒有喪失心智。」「無法再戰時有『投降』『停戰』『撤退』三個選擇，投降等同戰敗，在不利於己的狀態下停戰則近乎戰敗；若是撤退保存戰力，則隨時都可能挽回情勢。」

日本社會瀰漫著「士可殺不可辱」的風氣，「逃跑」對日本人而言非常可恥。也因此，日本在大東亞戰爭[1]期間寧可打「玉碎戰[2]」，也不願士兵成為戰俘。相對的，中國、歐美則沒有「玉碎」的觀念，他們認為留得青山在，不怕沒柴燒，若最後能扭轉情勢，忍一時之辱又算得了什麼。

1 日本對第二次世界大戰於遠東、太平洋戰場的戰爭總稱。
2 最早出自「寧為玉碎，不為瓦全」。日本第二次世界大戰時以「玉碎」為作戰方針，呼籲全體國民寧可自我毀滅也要保衛國家。

也就是說，「逃跑」其實是一種「戰鬥」。撤退是為了捲土重來，就算一時戰敗，還是可以重燃死灰，靜待時機，再次發動攻擊。

就科學的角度而言，逃避也屬於積極的行為。相信各位都知道，人在戰鬥時，身體會分泌腎上腺素。當動物必須保護自己時，腎上腺髓質（Adrenal Medulla）就會分泌腎上腺素，將血液大量送至運動器官，加強心肌的收縮力。

但大家不知道的是，「逃跑」時也會分泌腎上腺素。「逃跑」和「戰鬥」的目的都是為了保住性命，對生命而言是同性質的行為。這也是為什麼在英文中，腎上腺素又稱為「戰鬥或逃跑（fight-or-flight）激素」的原因。

「該逃不逃」會阻礙腎上腺素分泌，是非常危險的行為。

「積極型逃跑」是為了在人生中贏得最終勝利。若你是因為在生活中受到不合理待遇才拿起這本書，請務必鼓起勇氣，將「逃跑」納入你的行動選項。

第一章

積極型逃跑

逃避雖可恥但有用

二〇一六年，日本推出了一部非常受歡迎的電視劇——《逃避雖可恥但有用》[1]。這句話原為匈牙利的諺語，意為「逃跑很可恥，但活下去更重要」。

我想把這句名言，送給現在感到「生不如死」的人。

說來可悲，現代人常被工作壓得喘不過氣，為此走上絕路的人也不在少數。前陣子才有一個在大型廣告公司工作的年輕女孩T小姐，因為過勞而自我了斷。很多人看到這個新聞都百思不得其解，為什麼她不辭職呢？

T小姐擁有東京大學的高學歷，畢業後進入一家大型廣告公司工作，最後於二〇一五年十二月二十五日跳樓自殺。

十月二十五日到三十一日這個禮拜，T小姐一共上班八十七小時又二十六分鐘；十一月一日到七日這個禮拜，則上了七十七小時又十八分鐘。

T小姐的上司動不動就對她惡言相向，「妳加班二十小時對公司毫無幫助！」「妳自我管理的方式有問題，不然怎麼會在開會時昏昏欲睡？」「才這麼一點業務就覺得辛苦？妳還真是身嬌肉貴耶！」「妳怎麼一點女人味都沒有？」在上司的壓迫下，T小姐於十一月上旬罹患憂鬱症，身體健康每況愈下。

T小姐於十月十四日、十一月十日、十二月十六日分別在推特（Twitter）上寫下：「我只想睡覺，其他什麼感覺都沒有」「每天都很害怕明天的到來」「好想死，每天都活在壓力裡，就算撐過這些日子，我還剩下什麼？」由此可見，她的精神狀況已到達極限，以致於十二月二十五日走上絕路。

T小姐家屬請的律師如此說明她尋死的原因：「她一天只睡兩小時，一週甚至只睡十小時，幾乎等於沒睡；這讓她罹患憂鬱症，並不斷惡化，以致失去判斷能力和行為選擇能力。」[2]雖說我們無法一口咬定工作是導致T小姐自殺的唯一因素，但毫無疑問地，是工作將她逼到了絕境。

---

1 《逃げるは恥だが役に立つ》，台譯《月薪嬌妻》。
2 節錄自T小姐母親與律師合著之《打造零過勞死的社會》（過労死ゼロの社会を，連合出版）。

人在陷入困境時，思考能力也會大幅降低，以致忘了還有「逃跑」這個選項。有些更嚴重的案例，甚至會極端到覺得自己只剩下兩種選擇——忍受現狀，或自我了斷。

T小姐的悲劇讓我們知道：我們平時就應告訴自己，生命誠可貴，沒有任何事情比生命更重要。我們必須在失去判斷力之前，決定要戰還是要逃。

或許你會說，T小姐是比較極端的特例。但仔細回想你會發現，日常生活中，我們很少思考「要戰還是要逃」的問題，大多人都是隨波逐流，過一天是一天。

你是否下意識地以工作、不重要的人際關係為優先，反而忽略了真正寶貴的人事物？遇到問題時，應立刻檢查自己是不是弄錯了「優先事項」的順序，千萬不要亂了手腳。

見「壞」就收

一般認為只有遭受不合理待遇才該逃跑，事實上並非如此。人生的每一個際遇，都有可能發展為「不得不逃」的局面。若該逃的時候沒有逃，不但容易吃大虧，還可能就此一蹶不振。

經濟學有個概念叫「沉沒成本」（Sunk Cost），是指已經付出卻無法回收的時間、勞力和金錢。經濟研究指出，當推測投資無法回收時，就應立刻終止計畫，才可將損失降到最低。

假設你開的公司經營不善，繼續下去終究難逃倒閉的命運，你會怎麼做？多數老闆因為不想失信於客戶，都會選擇硬撐，投入大量的資金與時間來補救。然而就現實而言，這麼做通常很難東山再起，倒不如「見壞就收」，壯士斷腕，才能夠保住資金。在沒有把握的情況下一味往前衝，只會使情況惡化，造成更多損失。

創業也是同樣道理。有些人創業後生意慘淡，卻因為捨不得投資的心血，遲遲不肯收手。但這樣的「堅持」反而是自斷退路。倘若一直招攬不到客人，資金總有一天會見底，即便日後想要東山再起，也無能為力。與其如此，倒不如趁損失擴大前先收山，保留資金，轉往他處二度挑戰。

柯達（Kodak）和富士軟片（Fujifilm）就是很好的例子。這兩家公司原是相機底片的兩大龍頭，近年的發展卻是兩樣情。數位相機上市後，柯達依然死守著底片，導致業績每況愈下，於二〇一〇年宣告破產。相對於柯達，富士軟片很早就放棄了相機底片，將底片製造技術改用在化妝品等商品上，並買下美國的全錄（Xerox）公司發展影印機事業，成功在商界保住一席之地。

能在商場活下來的企業，除了懂得如何進攻，更懂得如何撤退。只要判定業績不會再有起色，他們就會二話不說立刻收手。你家附近有沒有開不到一年就關店的連鎖餐廳？相信這些企業一定是做了長遠的考量，為減少損失才做出收店決策。

相反的，不少企業因為無法當機立斷而堅守崗位，導致最後以倒閉收場。

投資股票也是一樣，若學不會「見壞就收」，股價跌了也只是咬牙忍耐、暗自期待股價回升，下場通常都是賠更多錢。如果是外匯保證金交易（FX）或期貨交易，還可能血本無歸。既然已確定會造成損失，就應於第一時間停損。就這層意義而言，企業經營和人生規劃其實差不多。

當然，我不是說「韌性」不重要，有時即便處於下風，只要不屈不撓勇往直前，還是有可能反敗為勝。但我還是要提醒各位，這種成功是需要運氣的，且很時候都是「僥倖」。若經評估發現毫無勝算，尤其是代價極高、輸了就無法東山再起的戰役，就應該立刻撤退，以免造成任何損失。

逃跑跟戰鬥一樣需要精力

無論做任何事，都必須「當逃則逃」。然而放眼周遭，能做到這一點的人卻是少之又少。

這是為什麼呢？我認為最主要的原因是「沒有精力逃跑」。

「積極型逃跑」是為了守護自己深愛的人事物，和「戰鬥」一樣需要精力。

「另謀高就」就是一種「積極型逃跑」。假設一個員工在某公司已做了十年，最近打算辭職、跳槽另一間公司，光處理離職事務和適應新環境，就足以讓他筋疲力盡。

下定決心離開舒適圈，本來就需要很大的精力。在舊公司待了十年，處理公事自是遊刃有餘，跟同事也已建立一定交情。即便舊公司有什麼不是，就某層意義還是很輕鬆的。

不僅如此，提出辭呈後，還得面對上司的慰留、前輩們的責怪，承受莫大的精神壓力。緊接而來的是面試新公司，錄取後則要學習新工作、熟悉新環境、適應新的人際關係，光處理這些事情就累壞了。看到這裡或許你會心想：「有那麼嚴重嗎？」沒錯，對一個待在同一間公司十年的人而言，就是這麼嚴重。

離婚也是一種「積極型逃跑」。常聽人說，離婚比結婚還要麻煩，除了要和「相看兩相厭」的前任伴侶溝通，還得爭取親權和財產，耗費大量精神與力氣。

人一旦精力受損，就很容易「得過且過」，出現「算了就這樣吧，我累了」等想法。

事實上，這種「擺爛」心態是最要不得的。若既不戰鬥也不逃避，只是不斷耗費精力，任憑自己逐漸失去判斷力，總有一天會發生無法挽回的悲劇。

你是否已失去生物的判斷本能？

照理來說，生物都具有天生的判斷力，若失去這種本能，說得難聽一點，就是「退化」。

動物都有生存本能，人類也是。面對敵人時，我們必須在第一時間判斷狀況是否對自己有利，以最快的速度決定要戰還是要逃。在弱肉強食的動物界中，當發現對方比自己強，就必須「快狠準」地逃離現場。也因此，生物的判斷力都非常敏銳，愚鈍的生物很快就會絕種。

自然界裡處處可見「生存本能」的例子。

非洲的草食動物為了逃過肉食動物的獵捕，都具有相當優越的腳程。然而，肉食動物卻比牠們跑得更快。比方說，瞪羚和高角羚的時速約在七十至九十公里之間，獵豹則可達到一百公里以上。但因為獵豹耐力較差，若瞪羚和高角羚用蛇行的方式連續跑個兩千公尺，獵豹可能就追不到了。但獵豹也不是省油的燈，牠會趁獵物蛇行時儲備體力，等獵物直跑時再全力追捕。在大自然的世界中，完全沒有「逃跑＝弱者＝可恥」這種概念。無論是狩獵者還是被獵者，都得拿出「生存本能」，較量到最後一刻。

此外，動物不到緊要關頭，不會浪費力氣逃跑。以湯氏瞪羚為例，牠們知道獵豹的腳程快但跑不久，只有當獵豹進到一百到三百公尺的範圍內時，湯氏瞪羚才會逃跑；但如果對象是腳程較慢但耐力強的獵犬，只要進到五百公尺到一千公尺的範圍內，湯氏瞪羚就會立刻逃跑。

再看看昆蟲界的例子吧。蟑螂的眼、耳、尾部生有觸覺感受器官「尾角」。尾角對風吹草動非常敏感，能立即察覺敵人的存在。只要有人在遠處吹氣，蟑螂就會急忙逃走。牠們身上有六到八根巨大神經纖維，粗度是其他昆蟲的十四倍，神經傳達的速度非常快。一旦受到刺激，就能以迅雷不及掩耳的速度拔腿就跑。

大家都知道蟑螂的「逃速」有多快。美洲蟑螂的時速可達到四點七公里，是全世界腳程最快的昆蟲之一。牠們的跑速奇快無比，每秒鐘能跑出體長三、四倍的距離，這有多快呢？用人類來比喻，就是身高一百五十公分的人，一秒鐘可跑超過五十公尺。

毛毛蟲、蜘蛛、蚜蟲這些蟲類，只要樹枝或樹葉出現搖動，就會判斷為捕食者接近，進而採取「直落保命戰術」，讓自己掉到地面。李象鼻蟲（Plum Curculio）掉到地上後，會立刻擬態成土塊；叩頭蟲則是以腹部著地，再用背上的假眼紋擬態成凶猛的小型爬蟲類，藉此欺騙天敵。

長頸鹿和斑馬的生存本能也相當有趣。長頸鹿可看到遠方的獅子，斑馬可察覺躲在附近草叢裡的獵捕者。在東非，這兩種生物有時會群聚在一起。牠們不會互相通報，而是留意彼此的動靜，利用這「美麗的巧合」逃離遠近敵人。

那麼，人類也有類似的生存本能嗎？當然有。照理來說，人類也具有判斷情勢的本能，若判定「不逃會有生命危險」，就會在本能的驅使下立刻逃跑。

在學校遭到霸凌，是要跟霸凌者抗爭到底，還是轉學逃到其他學校？在公司遭到上司壓榨，是要跟上司勢不兩立，還是另謀高就？覺得自己撐不下去時，到底該重振旗鼓，還是落荒而逃？

面對這些問題，我們本應有能力判斷。

然而，大多現代人「退化」得相當嚴重，已失去生物本能的判斷力，所以時常做出錯誤的決策，該逃不逃、當戰不戰，使自己陷入無法思考、進退兩難的窘境。

迷惘人生

為什麼人類會失去生物應有的判斷力？羅馬不是一天造成的，原因之一，便是「缺乏下判斷的機會」。

相較於過去，當前日本職場的流動率已增加許多，但還是有很多人出社會後，就在同間公司待到退休。在將近四十年的職場生涯中，這些人很少有機會站在人生交叉口、作出改變一生的抉擇。

他們對公司唯命是從，公司的人事命令一下，他們就得調動單位、更換職務；無論主管再怎麼討人厭，還是會乖乖聽主管的話。你說這些人毫無怨言嗎？當然有，但他們怕得罪上司會被降職或解僱，所以只是默默遵從，不敢反抗或逃離這個環境。也因此，他們幾乎沒有機會為人生做判斷。

但我認為，肌肉太少使用會退化，判斷力亦然。平常若很少思考，遇到該戰還是該逃的「重大抉擇」時，判斷力就會失靈。

過著「迷惘人生」的可不只上班族，很多太太們也沒多愛自己的丈夫，只是當時有人求婚了，就走入婚姻生活。你考高中大學時，填志願有經過深思熟慮嗎？還是父母師長叫你選哪間就選哪間呢？

如果人生就此一帆風順，自然沒什麼問題。但我們永遠不知道人生會發生什麼事，誰也不能保證現在的公司不會改變，說不定哪天發生醜聞而影響經營，又或是遭到外資併購，莫名其妙變成另一間公司；你怎麼知道自己選的另一半婚後不會拳腳相向，說不定對方是個花錢如流水的購物狂，又或是到處捻花惹草的花心大蘿蔔；就算聽從父母師長的建議考取某間學校，你怎麼知道進去就不會被霸凌？

很多人從未自己判斷過情勢，以至於面臨重大抉擇時，根本不知道該怎麼辦，該逃的時候不逃，該戰的時候不戰。

人類之所以會失去生物本能的判斷力，我認為還有一個原因，那就是「作繭自縛」。

明明想逃，卻因為某些傳統觀念的執著，或是愛面子而動彈不得。關於這一點，我們之後會再詳述。

為什麼我會以「逃跑」為題寫書呢？因為我很清楚，「逃跑的勇氣」是通往成功大道不可或缺的要素。這句話看似矛盾，卻是不可動搖的真理。至於為什麼，我們下一章分曉。

第二章
會逃，才是人生勝利組

人生有輸有贏，不只是在職場上和競爭對手比稿，或是在運動場上和敵隊搶分，甚至是工作表現、學校考試、戀愛，很多時候都必須與人競爭。

每個人都嚐過敗北的滋味，除非你能力超強又運氣特別好，否則不可能只贏不輸。事實上，失敗會影響下一場競爭的表現，如果你想存活下來，除了要懂得怎麼「逃」，還要懂得怎麼「輸」。本章要告訴各位，當情勢不利於己時，該如何下判斷、做決策。

放眼世間贏家，個個都是名符其實的「逃跑高手」。他們的人生戰績表上可不全是勝利，也有不少敗績。但是，吞敗不代表就是失敗者，他們輸了，卻輸得非常「漂亮」。

怎樣才能「輸得漂亮」？

要怎麼做才能「輸得漂亮」呢？

答案是「老實認輸」。

這四個字說來容易，聽來簡單，做起來卻很難。沒有人喜歡輸的感覺，所以很多人會把敗因歸咎於外在因素——「我這陣子身體不舒服」「這次情勢不利於我」「我只是運氣不好」，傲才恃物的人通常都有這種傾向。

然而，若不認清「輸」的事實，就無法面對自己的錯誤，也無法反省出失敗的真正原因。這麼一來，就會連連吞敗，且每次都敗在同一點上。

大東亞戰爭時的日本就是很好的例子。一九四二年打中途島海戰（Battle of Midway）時，日本因為太過輕敵，不願派出航空母艦迎戰，導致一次失去了「赤城號」「加賀號」「飛龍號」「蒼龍號」四艘海軍引以為傲的航空母艦。相對於日本的漫不經心，美軍在這場戰役中投入了所有戰力，甚至派出還在修理中的航空母艦約克鎮號（USS Yorktown），這也是日本於中途島吞敗的原因。

然而，這次海戰卻沒有讓日本學到教訓，之後日本還是不斷重蹈覆轍，像是之後開打的瓜達康納爾島戰役（Battle of Guadalcanal）就是如此，在伊魯河戰役（Battle of the Ilu River）中，日本大本營[1]預估島上只有兩千名同盟軍，所以僅派出九百人部隊進行突襲。然而實際上，島上卻有美軍一萬零九百人，這讓日軍一夜失去七百七十七名士兵。之後大本營選擇分批增兵，導致犧牲者不斷增加，日軍損失慘重。「逐次投入兵力」是最劣質的戰法，若當時大本營能夠誠心反省中途島海戰為何會戰敗，肯定不會造成這樣的悲劇。

拳王阿里強大的祕密

強者都願意承認失敗，前重量級世界拳王——穆罕默德．阿里（Muhammad Ali）就是其中之一。

阿里從未敗給同一對手兩次，他一生中只輸過五次拳賽，除了晚年的兩場敗仗，其他都在第二次對戰時成功雪恥。每輸掉一場拳賽，阿里就會精心研究對手的拳路。所以在雪恥戰中，他都採用和前場完全不同的戰法，專挑對手的弱點下手，而對手知道要和阿里再次對戰，竟也沒有特別變換戰鬥方式。也就是說，阿里願意承認對手的強大，且他遇強則剋強，懂得改變戰法來戰勝對方。如果阿里不肯認輸，認為對方是靠狗屎運才打贏他，他就不會改變戰法了。

職業棒球也是如此。據說真正的王牌投手，對自己投出的「安打」都印象特別深刻。每每投出的球被擊中，他們就會不斷尋求原因，甚至到了鑽牛角尖的地步。也因為這份執著，下次對戰時，他們就不會再讓對方擊出安打。如果這些投手抱著「過去就讓它過去」的心態，失誤後也不反省，無論失敗幾次，都只會像鬼打牆一般不斷重蹈覆轍。

江夏豐與金田正一雙雙享有「日本職棒史上最強左投手」之美稱。當被問到一個好的投手應具備何種條件時，江夏的回答是「速度、控球，還有記憶力」。以前江夏每打完一場球賽，就會將計分表帶回家，回想當天自己投出的每一顆球，並背下自己對每位打者使用了哪些球路，以免下次再犯同樣錯誤。「回想與記憶」讓江夏成了一流投手，在職棒史上留下一場又一場的佳績。

---

1 太平洋戰爭期間大日本帝國陸海軍的最高統帥機關。

如果我們能幫人生製作一張「計分表」，並記住每一次輸贏的關鍵，是不是就不會再犯同樣的錯了呢？

要做到這一點，首要之務便是承認失敗、認清自己能力不足，並釐清自己的缺點。如果你的自尊心較強，「認錯」令你感到非常難堪，建議你可以鼓起勇氣，向別人訴說自己的能力不足與失敗經驗。這麼做你會發現，一切都是自己的尊嚴作祟。當有一天你可以把失敗拿來當笑話講，就代表你成功了，不會再被同一顆石頭絆倒。

一九四五年的戰爭亡魂

趁傷口還小時認輸，才能避免造成更大的傷害。接下來我要跟各位談談「逃跑的力量」。

接手新工作時，你是否也曾感到力不從心？很多人因為不肯認輸，或是擔心問了會被罵，不願尋求協助。明知只靠自己很難完成，卻還是死命硬撐。

但這樣只會延誤求助的最佳時機，若在期限前一天才拜託別人幫忙，反而會造成他們的麻煩。只麻煩到同事倒還好，若拖到客戶的時間，可不是道歉就能解決的了。認輸要趁早，這樣別人才更有時間幫助你。就算無法如期完成，至少也不會演變成最壞局面。

「認輸」是為了避免招致毀滅性傷害。傷害愈大，就要花愈多的時間來彌補。輸了又如何？只要將傷害降到最小，總有一天還能東山再起。

接下來我要舉一個負面的例子——日本在大東亞戰爭中就輸得一點也不漂亮。有三百萬名日本人死於這場戰爭，且犧牲都集中在最後一年。絕大多數的百姓都是在最後半年喪生，尤其在一九四五年三月之後，美軍不時轟炸東京，再加上四月到六月之間的沖繩島戰役，八月終戰前又在廣島、長崎投下原子彈，死亡總數超過七十萬人。

雖然這麼說只是事後諸葛，但日本早在一九四四年秋天就應該認輸。

一九四五年後，日本石油幾乎見底，根本無力繼續打仗。據說如果日本能早點投降，至少能夠拯救兩百萬條性命。

日本崇尚「堅毅不撓」的精神，認為無論發生什麼事都應勇往直前、永不放棄。「堅持」確實很重要，日本軍隊奮戰到底的姿態也很英勇，但很多時候，硬撐上陣只會造成更大的傷害。當發現戰況不利於己，就應速速撤退，忍辱負重才能夠捲土重來。若不論輸贏，只是為了犧牲而犧牲，又怎對得起死去的士兵？

圍棋棋士的隱忍之道

在圍棋與象棋等對戰中，「認輸」就等於「比賽結束」。遇到這種情況又該怎麼做呢？

我對圍棋情有獨鍾。真正高明的棋手落下風時，通常都是按捺住焦急的情緒，靜待時機到來。簡單來說，就是「認清事實，耐心等待」。

名譽棋聖、曾接連七年獲得「名人」頭銜的世界冠軍棋手——小林光一就是如此。即便棋局不利於己，他也不會為了取回優勢而亂了陣腳。

當然，有時等到最後也不一定能翻盤。但別忘了，人都是會犯錯的。名譽棋聖小林就說過，每每陷入苦戰，他都堅信自己仍有機會反敗為勝。機會往往一瞬即逝，一定要好好把握，一鼓作氣扭轉局勢。在逆境之中保持冷靜並不簡單，必須發揮強大的意志力，虎視眈眈地等待對方失誤。

弱者為了挽回情勢總是孤注一擲，但他們不知道，這麼做只會提早嚐到敗北的滋味。

打麻將、賽馬也是一樣。很多賭徒輸了幾次後就開始自暴自棄，破釜沉舟打算與對方決一死戰。然而，這麼做十之八九都是以失敗收場。

出色的賭徒發現自己處於劣勢時，通常都格外冷靜、伺機而動，設法將損失降到最低。也因此，他們總是贏得比別人多。

話說，日本關西大多都是打三人麻將，我兒子就是這方面的翹楚，每次去麻將館都是滿載而歸。有次我忍不住問他：「你怎麼這麼厲害？」他回答：「因為三人麻將打的是心理戰。」

「常聽人說打麻將最看重牌技和讀牌，但如果你的對手有一定程度，大家的牌技其實都差不多。此時最重要的是看準情勢，該大膽放牌時，即使冒著放炮的危險，也要放手一搏；該小心出牌時，拿到一手好牌也要謹慎克制。」

我心想：「這不是很簡單的道理嗎？」

他接著又說：「不會打牌的人通常是反其道而行，該小心的時候孤注一擲，該大膽的時候卻畏首畏尾。」

雖然這只是小犬對於麻將的愚見，但仔細想想，人生不也是如此嗎？唯有「該戰則戰，當逃則逃」的人，才能在最後贏得勝利。不過啊，我那笨兒子卻是麻將桌上一條龍，現實生活一條蟲。

織田信長的逃亡

歷史名將都是所向無敵、百戰百勝嗎？那可不一定。放眼歷史，不少天下霸主都曾差點丟掉性命，而他們還有一個共通點，那就是都很擅於逃離險境。

稱霸戰國時代的織田信長就曾多次瀕臨絕境，其中「金崎之戰」[2]就是一場留名青史的敗仗。

信長於一五六八年入京[3]，擁立足利義昭為第十五代將軍，之後他以破竹之勢進攻日本各地，打算將越前[4]也納入旗下。當時越前的大名是朝倉義景，信長多次派遣使者命令義景上京，但都被義景拒絕，於是信長便於一五七〇年攻打越前。

出征越前的三年前，也就是一五六七年，信長將妹妹阿市嫁給了北近江小

2 金ヶ崎の戦い。
3 現京都。
4 現福井縣。

谷城城主淺井長政。淺井家雖和朝倉家交情深厚，但還是因為這場政治婚姻，與織田結盟。

織田信長和德川家康的聯軍進攻金崎城，直搗義景的大本營。沒想到這時淺井長政竟背叛信長，從後方包圍織田、德川聯軍，將信長逼入絕境。信長獲知淺井叛變的消息後，採取了令天下人震驚的行動——他帶著約十名護衛衝出陣地，一路逃回了京都。信長的這個決策令人拍案叫絕，要一個人捨棄尊嚴就地逃跑，需要多麼大的勇氣啊！

對此，歷史學家笠谷和比古於《德川家康》[5]一書中寫道：「不難想像，當時家臣們一定受到很大的打擊，總帥織田信長已獨自逃亡，就連德川家康也棄他們而去。」但不得不說，信長的斷然措施實在令人佩服，以當時的水深火熱，他若沒有立刻逃亡，肯定會死在朝倉與淺井的前後夾擊之中。

順帶一提，剩下的聯軍後來也全數撤退，由木下藤吉郎，也就是後來的豐臣秀吉殿後。這讓秀吉一戰成名，逐漸在織田家中嶄露頭角。

信長的逃亡大概令秀吉印象深刻，日後有護衛向秀吉詢問信長的過人之處，秀吉回答：「他總能在敗仗中死裡逃生。」

德川家康的冷靜與勇氣

德川家康也曾幾度死裡逃生，而最經典的例子，就是他與武田信玄的「三方原之戰」[6]。

金崎之戰的隔年——一五七一年，足利義昭因對信長十分不滿，號召淺井、朝倉等大名組成「信長包圍網」，以對抗信長的勢力。甲斐的武田信玄也參加了包圍計畫，他於一五七二年攻打德川家康的領地遠江[7]。在武田軍的猛攻下，家康決定死守濱松城。

5 Minerva 書房出版。
6 三方ヶ原の戦い。
7 現靜岡縣。

然而，信玄卻跳過家康所在的濱松城，改往三方原台地前去。家康自覺受辱，不顧家臣的反對，出陣追趕信玄。然而，此舉卻正中信玄下懷，他這麼做是為了引家康軍出城，實際上早已在三方原台地上佈好埋伏。

家康中了埋伏後，陷入千鈞一髮之危機，最後他找了個替身假扮自己，好不容易才逃回濱松城。

以當時濱松城的兵力，絕對無法抵擋信玄的攻擊。為此家康採取一妙計，他焚起營火，大開城門，作勢迎接武田君的到來。如果武田這時發動總攻擊，立刻就可拿下濱松城。但此計反而讓武田軍格外警戒，未入城就撤兵離去。這招名為「空城計」。如果當時家康派兵死守城門，做出頑強抵抗之態，或許早已成為刀下亡魂。家康身處絕境還能夠使出「空城計」這種高明的心理戰術，其冷靜與勇氣令人讚賞。

這場戰役還有個知名的後續故事。據傳，家康為了記取這次教訓，特地請畫師為自己畫了一幅名為「顰像」的愁眉苦臉畫像。不過有一說認為，這張畫像是家康的第九個兒子——德川義直命人所畫，意在提醒自己勿蹈父親覆轍。

說到家康的逃亡事蹟，就不能不提一五八二年的「神君橫越伊賀」[8]。「本能寺之變」[9]發生前，家康受信長之邀，和三十名部下來到京都附近。信長死後，家康為躲過明智光秀的追殺，橫越了崎嶇難行但人煙稀少的伊賀山區，成功逃過追兵和土匪，逃回自己的領地三河。

後人將「神君橫越伊賀」「三方原之戰」「三河一向一揆」[10]：合稱為「神君三大危難」。家康一生逃過了許多生死關頭，一六一五年，他度過了人生的最後一劫——「大坂夏之戰」[11]，並於隔年去世，享壽七十五歲。這在當時可是空前的高齡。

8 神君伊賀越え。「神君」為江戶時代對德川將康之稱呼，為「偉大君主」之意。
9 一五八二年，織田信長的家臣明智光秀叛變，討伐人在京都本能寺的織田信長，最後信長於本能寺自殺。
10 一五六三年於三河發生的宗教叛亂，家康的家臣也參與其中。
11 大坂夏の陣。「大坂」為「大阪」之古名。家康於此役擊敗豐臣家，結束日本長達一百多年的戰國動亂。

陳平救劉邦：金蟬脫殼妙計

接下來，我們來看看中國漢高祖劉邦九死一生的故事。

劉邦因起兵反秦而崛起，最後與同為反秦勢力的項羽爭奪天下。面對項羽這個軍事奇才，劉邦雖然屢戰屢敗，卻都有辦法保住性命。

西元前二〇四年，劉邦曾一度深陷絕境。當時劉邦趁項羽率軍伐齊，出兵攻打西楚國都彭城，憑著五十六萬人的兵力，不費吹灰之力便攻下彭城。

項羽得知消息後，親率三萬精兵火速從齊地趕回彭城，打得漢軍措手不及。劉邦損失十數萬士兵後逃到滎陽，打算在滎陽重整旗鼓。正當他食糧耗盡、滎陽城危在旦夕時，軍師陳平提議讓紀信將軍乘劉邦座車，假扮劉邦騙過楚軍。而劉邦也在此「金蟬脫殼」之計的幫助下，成功逃離險境。

兩年後，劉邦於「垓下之戰」首次擊敗項羽，登基建立漢朝。若他當時沒有大膽採用陳平的金蟬脫殼之計，中國歷史可能就要改寫了。

順帶一提，項羽於垓下之戰吞敗後自刎身亡。唐代詩人杜甫對此事有感而發，寫下〈題烏江亭〉一詩，詠嘆項羽為何不能忍一時之恥，以求日後捲土重來——

「勝敗兵家事不期，包羞忍恥是男兒。
江東子弟多才俊，捲土重來未可知。」

有別於項羽，劉邦完全不以逃跑為恥。偉大的武將除了要擅於戰鬥之術，也要熟諳逃跑之道，《三國志》中的知名壞蛋——曹操就非常擅長逃跑。就某種層面而言，曹操率領的魏國能夠統一天下，其實是必然的結果。

世界級逃亡高手：華僑與猶太人

華僑和猶太人於全球商界、金融界的實力首屈一指。他們個性堅韌，一路逃過了許多劫難，即便找到安居之處，也做好隨時棄地逃跑的準備。正因為他們擁有逃跑的勇氣，所以到哪都有辦法成功。

美國是華僑與猶太人最能大展長才的地方，這也是有理可循。說得極端一點，美國本就是逃亡者創立的國家。美國社會自由開放、人民普遍積極進取，或許就與此因有關。

反觀農耕民族日本，自古就被圈限在土地之中，就基因而言，本就不是擅於逃跑的民族。但現在已是二十一世紀，我們大可擺脫古老的DNA束縛。

適時撤退，才能登峰造極

登山家和冒險家時常面臨生死關頭，一不小心就可能丟失性命。

一流登山家都很清楚，想要活著歸來，一定要懂得適時逃跑。這需要高度的意志力與專注力，登山家為了攻頂，必須投入大量資金、耗費數年時間籌備，但是，即便爬了幾千公尺、山頂就在數十公尺的眼前，若繼續前進會有生命危險，他們就得立刻撤退。

登山家野口健，在二十五歲時曾挑戰聖母峰（Everest）攻頂。其實他前一年就挑戰過一次，但上到海拔七千八百公尺時，就因肋骨疼痛、體力不支而中途撤退[12]，所以他非常看重這次挑戰。

聖母峰不是想去就去的地方。光是入山許可費就是一筆龐大的費用，從西藏上山要付一萬美元，從尼泊爾上山得花七萬美元。野口是以西班牙登山隊員的身分申請，與他們共同分攤一萬美元的入山費用。但實際上，野口並未和他們一起行動，而是各自設營。

野口表示，當時自己的身體狀況好到不可思議，一路順利爬到海拔八千公尺的最高營地——四號營地的南坳（South-col）。

繼續爬了三個小時後，野口遭到暴風雪襲擊。他和同時到達的西班牙登山

12 聖母峰標高八千八百四十八公尺。

隊隊員卡洛斯和另外三人，一起在海拔八千三百五十公尺處依偎取暖。因風雪絲毫沒有減弱的跡象，雪巴人勸他們趕快下山。就在不久前，野口還深信自己這次一定能攻頂成功，但他還是毅然決定撤退。西班牙登山隊的卡洛斯則不顧野口阻止，一個人繼續往山頂出發。

十幾個小時後，卡洛斯回到了四號營地，宣告自己攻頂成功。但就當時的天氣和花費的時間來看，他是不可能登上山頂的。野口後來在書中寫到：「卡洛斯登上的應該是海拔八千七百五十公尺的南峰，但他以為那就是山頂。」卡洛斯為此付出了龐大的代價，他因凍傷而失去了七根手指。

隔年，野口三度挑戰聖母峰，這次他成功登頂，創下當時七大洲最高峰最年輕登頂紀錄[13]。

在二度挑戰聖母峰的過程中，野口依舊能夠冷靜發揮「撤退的勇氣」。相較之下，卡洛斯的行為實在魯莽。我想，野口的過人之處就在於他優越的判斷能力，也因此才能成為一名成功的登山家。

不敗傳說的祕密

人生遇到瓶頸時，最重要的就是「做出正確判斷」，不讓自己受到致命傷害。態度足以改變人生，沒有人可以屢戰屢勝，重點在於如何面對失敗。

看到這裡也許有人心想：「胡說，有人就從來沒有輸過！」事實上，這些人之所以不敗，是有前提的。

劍豪宮本武藏就是一個例子。他號稱「生涯無敗」，但他不敗的祕訣，其實是「不跟打不贏的人交手」。

綜合武術家希克森・格雷西（Rickson Gracie）曾造就「四百場全勝」的傳說，但他也是一樣，從不打沒把握的仗。

孫子說：「知己知彼，百戰百勝。」若你仔細評估後，發現對手的實力在你之上，孫子一定也會叫你不要逞強。還記得前面提到的「三十六計，走為上

13 上述內容引用自野口健《墜落聖母峰》（落ちこぼれてエベレスト），集英社文庫出版。

策」嗎？遇到打不贏的對手時，還是以退為進，不戰為妙。

「只打有把握的仗」——這其實是很好的戰略。若每天都在殊死搏鬥，人生的風險豈不是太高了？但能做到這一點只有極少數人，大多人都在「自討苦吃」，不斷向強者挑戰。

說到這個，有件事令我相當在意。現在的年輕人在成長過程中，少有機會與他人競爭，以致多數不習慣「輸」的感覺。

根據腦科學家中野信子的說法，日本這支民族，天生不喜與人爭搶，常會習慣性地避開競爭。加上最近學校教育採取「零挫敗」方針，才會造就這樣的問題。

以前國小的成績單都是採取相對評價，現在則多改為絕對評價。在這樣的方式下，就算全班都拿「優」也不奇怪。校方這麼做是為了激發學生的鬥志，但這麼一來，孩子就無法體會拿到「丙」或「丁」的悔恨了。

聽說現在有些學校為了避免運動神經較差的孩子自卑，便撤除了運動會賽跑的排名制，甚至直接廢掉「個人賽跑」這個項目，只舉辦較難看出個人差異的「班級接力賽」。

在這種教育體制下，愈來愈多人因為「怕輸」，而不敢挑戰新事物。現在容易破關的電動都賣得比較好，或許也跟這股「怕輸潮」有關。

當一個人從未嚐過「輸」的滋味，就沒有機會學習如何面對失敗。在不得要領的情況下，遇到挫折很容易就亂了陣腳，甚至一蹶不振。舉個例子好了，現在有些男性會在戀愛失利後成為「跟蹤狂」，我想這些人應該很少失戀的經驗，如果跟我一樣常常「被甩」，就算當下傷痛欲絕，也能夠立刻打起精神，尋找下一株芳草。

沒有人喜歡輸的感覺，但如果從未輸過，又該如何記取教訓，培養再接再厲的精神？雖說太常吞敗可能會打擊自信心，但無論如何，我們都必須習慣敗北，培養對「輸」的免疫力。

不怕各位笑話，我小時候從來沒贏過，面對失敗早已是不痛不癢。但是，我雖然很會「輸」，卻不懂得怎麼「逃」，總是打自己沒有把握的仗，一路走來就是學不乖，吃了不少苦頭。

過了五十歲後，我終於學會如何排列人生的優先順位。慢慢的，我盡量不與人做無謂的較量，只將精力花在有意義的競爭上。雖然我有所開竅，卻還是嫩得很。如今我已過耳順之年，還是經常與人做無謂之爭，惹得一身腥。希望過了七十歲後，我就能夠升格為「逃跑達人」。

第三章 逃離工作的勇氣

有問題的不只「黑心企業」

「你想逃離什麼呢？」——被問到這個問題，相信很多人的回答都是「公司」或「工作」吧？

第一章提到了T小姐自殺的悲劇。在現實當中，很多人的情況雖然不像T小姐那般嚴重，但每天下班也都是精疲力盡，壓力大到幾乎要崩潰。

在全球化的狀態下，企業的對手是全世界，也因此，近來商場上的競爭愈演愈烈。再加上資訊科技日益發達，每每推出新的產品服務，第一時間就會遭到效仿，若不跟上時代的腳步，很快就被淘汰。

如此一來，企業無分大小，經營都相當緊張。光看報表數字，很多公司的成績單都很漂亮，甚至達到創業以來最高收益；實際上，不少公司為了節省經費絞盡腦汁，明知人手不足，也逢缺不補。

這麼做到頭來苦的還是員工。人手變少，工作可不會變少，該做的工作還是得做。有時公司還會要求員工開發新業務，導致工作量日益增加，做都做不完。

再加上近來日本政府開始推行縮短工時政策，公司對員工的加班管制愈發嚴格。工作量增加，能夠上班的時間卻減少，員工只能設法提升生產力，否則工作永遠沒有結束的一天。麻煩的是，日本上班族的工作態度都很認真，大多公司也已非常講究效率，要再大幅提升生產力，實在有些困難。

因此，許多人只好「偷偷來」，把工作帶回家做。相信各位讀者之中，一定也有人會「在家加班」吧？晚上經過咖啡廳時，總能看到許多上班族對著筆電發愁，有些人甚至會在清晨去公司「提早加班」。

現在很多管理階層都是校長兼撞鐘。因管理階層並非「三六協定」[1]的保障對象，就算他們加班到天亮，公司也不會被處罰。因此，很多管理階層都只

1 日本〈勞動基準法第三十六條〉規定，原則上，勞工一天工時不得超過八小時、一週工時不得超過四十小時，若超過這個時數，勞資雙方就必須簽訂「三六協定」，並向「勞動基準監督署」提出加時申請。

能咬緊牙根攬下大部分的工作。他們白天得開會、指導下屬，只有清晨或晚上可以處理這些多出來的工作。說起來，他們的工時其實長得不像話。

就算不用加班，電子郵件還是會不分晝夜、有如雪片般飛來。沒人喜歡在私人時間回公事信件，但若真有急事，又不得不馬上處理。一項調查顯示，有百分之二十二的日本人會在休假時「整天查閱電子郵件」。法國已於二〇一七年立法保障人民「下班後無需收信」的權利，而日本沒有這樣的法律，只能不分晝夜地確認電子信箱了。

……唉，我光是用寫的就累了。照這種情形，一整天下來連喘口氣的時間都沒有，身心又怎麼撐得住呢？愈是兢兢業業、認真工作的人，愈容易累積疲勞與壓力。

有些人明顯已被工作壓得喘不過氣，整個人面黃肌瘦、死氣沉沉，卻嘴硬說自己很好很健康；明知內心出了問題，卻頑固地認為自己絕不可能得憂鬱症。

過分相信自己是很危險的，我們所忍受的壓力很快就會反映在身心上，可能是憂鬱症，可能是胃潰瘍、心律不整，又或是過敏性腸症候群、突發性耳聾，最糟糕的情況還有可能猝死。罹患憂鬱症或精神官能症的人，還有可能自我了結性命。

這些事情不只有在「黑心企業」才會發生，一般企業裡也相當常見。這豈止是不正常，簡直是異常到了極點！

逃跑談何容易

請容我再次提醒各位，如果你正處於上述的工作環境，且已經到了忍無可忍的地步，請務必以最快的速度逃離現在的公司。若造成身心傷害導致日後無法工作，那就得不償失了！

失去現在的工作又怎樣？健康快樂更重要！只要活著，就一定還有機會。

看到這裡一定有人心想：「如果能說逃就逃，我也不用撐得那麼辛苦了。」

有經濟壓力的人會說：「辭掉工作就沒有收入，新工作的待遇也不一定比較好，何況我還有房貸跟孩子的學費要付，一旦遞出辭呈，就得全家一起喝西北風了！」

年過三十的人會說：「誰也無法保證新公司的環境會更好，不更糟就阿彌陀佛了。光是學習新工作、適應新的人際關係就已經夠累了，如果公司環境還很差，豈不是雪上加霜？年紀還輕就算了，如果已經超過三十歲，擁有的選項更是少之又少，這樣真的能找到比舊公司更好的職場嗎？」

有責任感的人會說：「我這一走，同事的工作量不就更多了？這種陷人於不義的事我做不出來。」

想要出人頭地的人會說：「我努力了這麼久，若是辭職，這十幾二十年的付出都將化為烏有！」

每個商務人士都有自己的難處和考量，不是想逃就逃那麼單純，辭職談何容易。

然而，在我看來，這些都是先入為主的觀念，這些「理由」只是在作繭自縛罷了。若能夠跳脫框架，一定能活得更加輕鬆快樂，即便逃離現在的公司，也不會產生任何壞處。

劃地自限的下場

哪些「先入為主的觀念」會成為逃離公司的阻礙呢？

很多人都認為「人生不可脫離正軌」。

基本上，「軌道」可分為兩種，一是「快速列車軌道」，一是「普通列車軌道」。

走在「快速列車軌道」上的人，從小就很會讀書，從名校畢業後就進入一流企業或政府機關任職，一路走來仕途順遂。

「普通列車軌道」則是指擁有一般學歷、畢業後進入一般公司、在同一家公司工作到退休的人。

這兩種類型中，又以「快速列車軌道」上的人特別害怕「脫離正軌」。

這些人已畫好明確的人生藍圖，為了達到人生目標費盡心力。

他們自認比別人特別，平時總是兢兢業業不敢鬆懈，不屑與走在「普通列車軌道」上的人為伍。

這些人為了走在軌道上而賭上人生，相對的，也非常害怕偏離軌道。對他們而言，辭去工作就有如「脫軌」，那會使他們失去出人頭地的機會，陷入人生絕境。

以前的大藏省[2]就是很典型的例子。

大藏省匯集了日本各地最出色的菁英，裡面的人幾乎都是東京大學法學院畢業、於國家公務員高等考試取得前十名的頂尖英才。

然而，大藏省公務員的自殺率卻非常之高，日本甚至有句話說「大藏省搞自殺、通產省[3]搞貪污、外務省[4]搞外遇」。

大藏省的自殺率為何居高不下呢？有些人是因為工作壓力太大而引發精神官能症，有些人則是因為在「升官卡位戰中」失利才走上絕路。

進入大藏省任職後，必須設法升上「事務次官」[5]，否則就會被外調到銀行。

「外調」對許多人來說只是稀鬆平常，對大藏省公務員卻有如晴天霹靂。先不說別的，這些年輕人這輩子從未嚐過敗果，他們從小到大都是一等一的優等生，即便在升學名校，甚至在東京大學內，都是最頂尖的優秀人才——也就

---

2 日本舊中央機關，現「財務省」的前身，相當於台灣的「財政部」。
3 「通商產業省」，日本舊中央機關，現「經濟產業省」的前身，相當於台灣的「經濟部」。
4 日本中央機關，相當於台灣的「外交部」。
5 公家機關一般職員的最高官職。

是說，他們在學業上的表現從未輸過任何人，完全不知「低人一等」是何滋味。

我們完全無法想像，當這些菁英在工作上輸給同儕、發現自己的能力比別人差時，會受到多大的打擊，是多麼大的挫折與屈辱。以前大藏省公務員之所以自殺率這麼高，或許就跟這一點有關。

各位有看過幾年前紅極一時的電視劇——《半澤直樹》[6]嗎？男主角的朋友——近藤直弼原本在大型銀行工作，後來被公司以「外調」的名義，下放到一家電機公司。這次左遷讓近藤陷入生不如死的絕境，劇組還特地插入一段黑色液體滴落的畫面，以象徵近藤的悲慘與絕望。

新公司是近藤的人生墳場，但對其他人而言，那就是一間再普通不過的公司，在那裡也可以自在快樂地工作。近藤因進入某間公司而感到絕望，這本來就是傲慢且可笑的想法。他之所以會這麼想，只是不想偏離「快速列車軌道」罷了。因為在他的認知中，一旦偏離正軌，人生就玩完了。

事實上，人生有無數種精彩藍圖，僅因為「偏離軌道」就自暴自棄，甚至了結生命，是多麼令人扼腕的事啊！

藍圖是可以中途修改的，真要比喻，人生比起只能在軌道上奔馳的電車，更像是一台越野車。無論是岩地還是泥潭，我們要走哪就走哪，稍微繞道而行也無妨。

很多人為了不讓自己流於逸樂，不斷告訴自己人生就只有一幅藍圖、中途脫隊是很丟臉的事，以說服自己奮勇向前。然而事實上，這無疑是在劃地自限。

話說回來，這真的是「自限」嗎？還是別人給你灌輸的觀念呢？精神科醫生岡田尊司在《生存的哲學：給想要活出自我，跨越人生苦難的人》[7]中寫到：

大多「應該怎麼做」的觀念，都是不知不覺中由父母灌輸給我們的。很多人表面上反抗父母，骨子裡卻無法擺脫父母的擺佈，囚禁在他們的價值觀與理想之中。

如果你被夾在理想與現實之間左右為難，請先找出理想的源頭——為什麼

6 半沢直樹，台灣又譯為《王牌銀行員》。
7 生きるための哲学，台灣由悅知文化出版。

你會覺得「應該」怎麼做？當你能為了珍愛而拋棄這些「應該」時，才能真正獲得精神解脫。

你害怕失去的東西，真的有那麼重要嗎？

前面提到，「軌道」大致上可分為「快速列車軌道」和「普通列車軌道」。這兩者的考量不太一樣，後者之所以害怕偏離正軌，是因為考慮到「沉沒成本」（Sunk Cost），生怕脫離軌道後，至今付出的心血將全化為烏有。

不少上班族雖然對公司有所不滿，卻因為待遇尚可，或捨不得捨棄舒適圈與地位，所以不敢辭去工作。

公務員也是一樣，一想到自己花了多大的工夫才考上公職，又害怕喪失社會地位，就一直放不開手上的「鐵飯碗」。

有些人花了好幾年才從兼職升為正職，一想到辭職後就得過回以前不穩定的生活，便打了退堂鼓。

——這也是無可厚非，畢竟沒人願意見到自己多年來的努力一夕垮台。但是，如果你也有上述考量，請試著站在客觀的角度思考一個問題：「你害怕失去的東西，真的有那麼重要嗎？」

仔細思考後你會發現，根本就沒有那麼珍貴。

也許你現在的公司待遇還不錯，但誰都無法保證幾年後你還能領一樣的薪水。倘若公司經營出了問題，無論員工再怎麼努力，都逃不過減薪的命運。此外，現在的「舒適圈」會一直都這麼舒適嗎？只要一張調職令、裁員、公司被其他公司收購，又或是來了一位惡主管，「舒適圈」頓時就煙消雲散。

公職是「鐵飯碗」沒錯，但除了警察、消防隊和軍人，大多公職都是負責事務工作，每天過著一成不變的生活，不如民營企業這般有挑戰性。比起乏味的例行公事，自己出去創業更能一展長才。

如果你不肯離職是為了守住正職的寶座，可以去查查其他公司有無在徵正職人員。這幾年來，員工人數低於三百人的公司錄取率已從三點二六倍升至六點四五倍，中小企業其實很缺人手。相信在眾多選擇之中，一定能夠找到比現在公司更舒適的工作環境。

或許有人會想：「如果新公司比舊公司還差怎麼辦？」可是，你怎麼知道新環境不會更好？或許就比現在更快樂、更有成就感也說不定。離開舊環境後，你會發現過去你緊緊握在手裡的東西，根本就沒有那麼重要。

有些人之所以不敢偏離正軌，是因為缺乏自信，擔心自己無法勝任其他工作。

最讓我驚訝的是，有些公司都已經搖搖欲墜了，員工卻還是因為「沒有自信」而不敢辭去工作。

這樣的公司就像是汪洋中的難船，總有一天會沉入深深海底；而這些不肯辭職的人，就是寧願跟著船沉入海底，也不願先跳進大海的人。

隨船而沉不過是延後溺水的時間罷了。在現實中，遇到船難還有救援隊會前來營救；然而，若沉入名為「社會」的茫茫大海中，是不會有人來救你的。有些人自認與船生死與共，願意為公司鞠躬盡瘁，所以拚了命地修帆補船。但如果什麼都不做，只是跟著船一起沉入海底，是無法解決問題的。

奇妙的是，很多人因公司倒閉失業後，反而變得比以前更加堅強。

這些人以前沒有勇氣辭去工作，公司倒閉後，他們就有如遇到船難的乘客，只能拚命往前游。船快沉時，他們連跳海的勇氣都沒有；船沉沒後，他們反而游得又快又好。

人天生具有適應能力，無論遇到何種困境，基本上都能夠順利度過。那些跟著公司一起沉船的人，不過是「自以為」做不到罷了。

請各位不要誤會，我不是要各位不分青紅皂白立刻辭職。如果你現在的工作環境非常優質，當然可以繼續待在這間公司。但是，如果你因為工作壓力而感到苦不堪言，請務必鼓起勇氣「跳海」一次。這麼做你會發現，自己之前完全是鬼遮眼，怎麼會對那樣的公司忍氣吞聲。不僅如此，還能早日發現自己潛藏的可能性，何樂而不為呢？

在此奉勸各位，要「跳海」請儘早。年紀愈大愈難挑戰新事物，也比較不容易找到新的工作機會。守著舊船太久，小心難以做出改變。

如今很多人都不願做選擇，只是一味地隨波逐流，這麼做等於是將自己的人生交給別人作主。如果你不想要於退休後悔不當初，請務必往前踏一步，為自己做出選擇。

「脫軌」之後你會發現，原來人生不只軌道可走。等到自信培養出來了，就算是泥潭和岩地，你都會有前進的勇氣了。

我的「脫軌人生」

光顧著說別人，我自己呢？不瞞各位，我從求學時代就一直過著「脫軌生活」。

我高中讀的是縣內排名最差的學校。大學落榜後，我花了一年重溫國中、高中的學業，好不容易才考上大學。然而讀了五年，我卻只拿了一半的學分，最後只好退學。讀大學時，我經常到電視台參加節目錄影，一位導播知道我退學後問我：「你如果沒事做，要不要來我們電視台當節目編劇？」我就這樣開始工作了。

「節目編劇」聽起來很威風，但一個禮拜只需去電視台開一次會、做做腦力激盪。我夏天都穿得很邋遢，經常穿著拖鞋去開會，一點都沒有社會人士的樣子。記得有一次，我在休息時間去電視台對面的飯店想喝杯咖啡，卻被飯店人員攔住。他嚴聲對我說：「我們飯店禁止客人穿拖鞋進入，如果你一定要進來，請換上這雙鞋子。」

當時的我簡直是一塌糊塗，既沒有自知之明，也沒有責任感，甚至很瞧不起自己的職業，抱著騎驢找馬的心態在工作。我一個什麼都不懂的毛頭小子，居然對比我大兩旬的導播和製作人出言不遜，說他們提的企劃無聊至極。我把自己弄得像隻過街老鼠一般，到哪都遭人嫌，接連被炒魷魚，節目一個換過一個。那時我並不熱愛電視台的工作，所以態度相當隨便，說來難為情，剛結婚時，我太太的收入比我高很多。

太太停職在家帶小孩後，養家活口的責任便落在了我身上，我這才開始認真投入編劇工作。這麼說或許是老王賣瓜，但三十五歲到四十五歲這十年，我真的非常努力向上。不過，有件事我始終未變，那就是遇到不喜歡的工作，就會二話不說、立刻辭職。

或許是努力過頭了吧，四十五歲那年，我對工作失去了熱情，怠惰了有半年之久。邁入五十歲之前，我第一次回首自己的人生，才發現我從未對人生做過任何選擇，這讓我感到晴天霹靂，決定為自己安排一個全新的挑戰。於是，我少接了一些劇本，開始寫《永遠的〇》[8]這本小說。很幸運地，這本書得以出版，我也因此走上了小說家之路。

我的人生完全沒有藍圖，也搭不上快速列車，但還是一路來到了今天。我從未在職場上吃過什麼苦頭，也沒將編劇這份工作看作終生飯碗。正因為我的肩膀上沒有負擔，才能在職場路上跑得長久。

就「人生沒有藍圖」這點而言，我很像我爸爸。爸爸小時候家裡很窮，十四歲自高等小學校[9]畢業後就開始工作，並進入夜間中學[10]半工半讀。二十歲那年他被徵召入軍，幸而未死於戰場。戰前他就沒有固定工作，戰後也是公司一間換過一間。我出生時，他是大阪市自來水公司的臨時工。

爸爸從不規定自己「該怎麼過活」，他的一生雖窮，卻一點都不苦，反而活得非常快樂。晚年時，他還經常感懷自己經歷了精彩的人生。爸爸從不為我規劃人生，即便我脫離正軌，他也從不大驚小怪。現在回想這一切，我很感謝我的父親。

大概是受到爸爸的影響吧，我從不強迫孩子念哪間學校、做什麼職業。我唯一的要求，就是要他們「好好工作」。

---

8 永遠の〇。台灣由春天出版。
9 第二次世界大戰前的初等、中等教育機關，相當於現在的「中學」。
10 第二次世界大戰前，實施舊制中學教育的機關。相當於現在的「高中」。

夢想太沉重，小心被壓垮

為什麼有些人一旦偏離人生軌道，就有如陷入絕境呢？我想，問題出在他們「看待夢想」的方式。

常有人說：「人一定要有夢想」這點我非常贊同，畢竟夢想是我們活下去的動力。

「有夢」是現代先進國家人民的特權，古人就算有夢也無法追夢。現在你可以夢想致富成名，或是在體壇或藝術界闖出一番天地，但這對三百年前的江戶時代農民而言，可是想都不敢想的，他們甚至無法從事農務以外的工作。農民唯一能夠超越父母的作為，就是增加收成、開墾新地。

老大還好，老二、老三就更可憐了，若不能入贅其他農家，就只能到農家打雜維生。

那個時代的夢想，頂多只有「吃飽」和「長壽」。

現在的開發中國家人民也是一樣，生在戰亂、飢荒國家，每天都可能是最後一天，想要活到明天都是一種奢侈，哪有心思說夢呢？他們最大的夢想，就是「活下去」。

七十年前的日本也是一樣，二戰期間，很多男人都無法活到三十歲。當時神風特攻隊死了許多人，就連大學生也可能收到「紅紙」（徵兵令），完全沒有說「不」的餘地。那些被派到緬甸、新幾內亞、南洋激戰區作戰的軍人，唯一的夢想就只有「活著回到祖國」。

反觀現代人，「豐衣足食」對大多人都是理所當然，我們可以做夢、追夢，還有比這更美好的特權嗎？

在這裡還是要提醒大家，請小心「有夢反被夢想誤」。夢想有時是把雙面刃，當夢想太過於沉重，反而會成為壓垮人的巨石。

若將目標設定得太高，追夢失敗就可能陷入絕望，進而否定自己的人生價值，質疑繼續活下去的意義。夢想愈遠大，失落感就愈沉重，「快速列車軌道」

上的悲劇就是這樣釀成的。

以前大學修心理學時曾聽教授說，每個人心中都有個「理想的自我」，我們都在追求社會地位，且都在意別人對自己的評價。然而，理想和現實是有差距的，若差距太大又長期無法達成理想目標，很容易悶出「心病」。很多人就因為好高騖遠、無法達標而陷入「自我厭惡」的狀態，不斷責怪自己能力不足，又或是不夠努力，進而被理想和夢想「壓垮」。

被自己的理想扼殺心靈，根本就是愚蠢的自殺行為。

在設定夢想和目標的範圍時，應以「適度」為佳。

有遠大的夢想是很好，然而，當「夢想」太過遙不可及，只會讓人心神沮喪，連努力的意願都消失殆盡，使「夢想」以「妄想」告終。各位在畫夢想大餅時，應以「稍作努力即可達成」的事物為主，達標後再規劃新的夢想。只要你努力不懈，總有一天一定能完成遠大的目標。

也許你會覺得：「那麼小的夢想有什麼用？」但別忘了，夢想是會逐漸膨脹的，由小至大、循序漸進才是正確的做法。

有責任感就不該逃避？別再找藉口了！

放眼社會，許多人在公司過得非常痛苦，卻選擇死守崗位，以至於最後身心俱損。問他們為什麼不逃，他們的回答大多都是：「因為我責任感特別強。」

類似的回答還有：「如果我離開公司，剩下的同事怎麼辦？」「我不能只顧自己逃，把爛攤子留給別人收。」這樣的「責任感」讓他們咬緊牙根死撐，最後搞壞了身子，也扭曲了心靈。

日本人個性認真，所以這種「責任魔人」特別多，很多人甚至不敢請年假，只因為不想給同事添麻煩。

根據旅行網站「日本智遊網」（Expedia Japan）的消息，日本人的年假消化率在全球已連續兩年吊車尾。看到這裡你一定覺得奇怪，有薪假是勞工的福利，放著不用不是很可惜嗎？然而事實上，日本人的平均年假天數是二十天，實際上的平均請假天數卻只有十天，另外十天則照樣上班。為什麼放著年假不請呢？其理由大多是「公司人手不足，擔心請假會影響工作進度，給公司添麻煩」「其他同事都沒有請假」等。有六成的日本人請年假會感到罪惡感，覺得其他同事都在上班，只有自己請假很不好意思。

對這些人而言，連請個有薪假都有心理障礙，更甭提直接辭職走人了。

看到這裡，你是不是覺得這些「拚命三郎」非常令人同情呢？

仔細想想，很多人之所以這麼拚命，只是不想被上司跟同事討厭罷了。

「你這樣做真的讓我們很傷腦筋」「那個人真的很自私耶，他這樣一請假（辭職），我還得幫他擦屁股！」——為了避免這類「酸言酸語」和「私下議論」，很多人寧可咬緊牙根硬撐，也不願麻煩別人。

日本人非常害怕被人討厭。還記得幾年前《被討厭的勇氣》這本書賣得有多好嗎？可見很多人都「不想被討厭」。

如果你也屬於「不想被討厭」的族群，請務必注意，這種「怕遭人厭惡」的情緒很有可能反咬你一口。

換個角度想想，「拚命三郎」就一定能獲得高度評價嗎？很可惜，答案是否定的。這些人通常是「拚命換絕情」，他們為了工作賠上健康，換來的卻是周遭人的冷言冷語，像是「都怪他自己要硬撐，為什麼不向我們求救呢？」「都怪他自己不懂得適可而止」等。現在這個時代非常重視工作流程的改革，很多公司都在追求這一點，設法提升生產力，並要求員工懂得變通、熟知工作的訣竅。在這樣的大環境下，即便你拚上性命為公司付出，也不見得會得到正面的評價。

其實，對員工本身和家人而言，為了工作賠上健康，一點都不值得。明明是這麼簡單的道理，為什麼很多人就是不懂呢？因為他們被眼前的狀況限制住了，只顧著討好身邊的人，以至於無法客觀思考。

無論你跟同事一起奮鬥了幾年，無論你多麼不想被同事討厭，到頭來，同事終究只是「外人」罷了。為了不得罪外人，不惜讓父母妻小傷心，這不是本末倒置嗎？

為了避免傷害自己和家人，請務必告訴自己：「就算辭職會造成同事麻煩，還是必須以保護自己和家人為第一優先！」並培養強韌的意志力，堅守這份信念。

黑心企業的人心操控術

很多人進了公司、開始上班後，才發現自己誤闖了「黑心企業」。

今野晴貴在其著作《黑心企業》《黑心企業2》[11]中，介紹了許多黑心企業的血汗現況。

比方說，有企業對「沒有利用價值」的員工進行人身攻擊，像是「你本身就是個笑話，能在我們公司上班就應該心存感激了！」「交一份自傳給公司，告訴我們你是個多沒用的人！」，藉此讓這些員工「知難而退」，逼他們自行辭職。有一家不動產公司工時過長，導致員工睡眠不足，幾乎每天都一邊開車一邊打瞌睡。有家牛排店八個月只排兩天假給一個員工，該員工加班時數高達一千三百五十五個小時，每天還得承受主管的辱罵和毆打，最後終於受不了而走上絕路。看完整本書，實在讓人非常心痛。

黑心企業基本上有兩種，一是手段惡劣，把「沒有利用價值」的員工逼到辭職，二是環境惡劣，苛待員工。看到這裡一定有人感到對後者感到匪夷所思，既然發現公司是黑心企業，為什麼不自己提辭呈呢？就旁人的角度來看或許無法理解，但這其實是因為，黑心公司都非常擅長操縱人心。

《黑心企業2》一書中提到，黑心企業的員工之所以無法辭職，是因為他們在公司的長期壓迫下，已陷入「精神異常」的狀態。

---

11 ブラック企業、ブラック企業2，兩本皆由日本文春新書出版。

這些公司每天都會緊盯員工的業績，讓員工覺得「業績」是生活的全部。他們甚至跨越「顧客至上」的精神，運用「黑心邏輯」控制員工的人格。員工在長時間勞動的狀況下，本就無法思考工作以外的事情，這時公司若再施以壓迫，輕而易舉就能讓員工陷入「失神狀態」，以至於無法思考辭職的事。

在「失神狀態」下，人是沒有判斷能力的。

用動物來比喻，就像是對孔雀伸長脖子求饒的火雞。

奧地利動物行為學家康拉德．勞倫茲（Konrad Lorenz）於其所寫的《所羅門王的指環：與蟲魚鳥獸親密對話》[12]一書中提到，火雞在和同類打架時，一旦判斷「情勢對自己不利」，就會猛然趴在地上伸長脖子，做出「毫無防備」的姿勢。這麼一來，對方就不會繼續發動攻擊，改為以威嚇的動作不斷在輸家身邊踱步徘徊。順帶一提，狗跟狼在打架處於劣勢時，也會向贏家低頭露出頸部求饒，而贏家只要看到這個姿勢，就絕對不會咬對方的脖子。

火雞在和孔雀打架時，也會做出同樣行為。火雞雖和孔雀為親緣關係，身形卻比孔雀小，體重也較輕。因此，雙方一旦打起來，幾乎都是孔雀占上風。而火雞在打輸後，就會立刻趴在地上，向孔雀做出求饒的姿勢。

然而，孔雀之間可沒有「投降就不攻擊」的潛規則，即使火雞已伸長脖子求饒，孔雀還是會毫不客氣地繼續啄擊。

在黑心企業工作的人，就像上述的火雞一樣，在毫無防備的狀況下不斷遭到攻擊。

因此，我們平時就應該拓寬視野，在被壓迫到「失常」前，先正確辨別是非。

今野晴貴曾和大內裕和合著一本書叫《黑心打工（增補版）》[13]，該書提到，很多學生遭受到不合理的對待卻不辭職，是因為店家賦予他們過重的責任。導致這些人一旦離職或請假，這些餐廳、小店可能就無法繼續營業。下面我擷取了書中的一小段落，我們來看看這些學生是怎麼想的——

12 *ErredetemitdemVieh, den Vogeln und den Fischen*，台灣由天下文化出版。

13《ブラックバイト〔增補版〕》，日本由堀之內出版。

將D同學綁在店裡的，其實是他對店家和工作夥伴的責任感。D同學跟其他打工同事感情都很好，他擔心如果自己突然離職，其他同事就必須排更多班；倘若無法立刻找到替代的人手，店裡就會忙不過來。也因為這份「同理心」，他無法辭去工作，也無法推辭店家幫他排得滿滿的班表。在D同學的認知中，突然辭職是非常不負責任的行為。在「責任感」的驅使下，他連感冒都不敢請假，就連向店家表明辭意後，還很擔心排班的事，覺得自己還有班沒上完，這樣走人真的好嗎？

相信很多人對D同學的想法都感到「不難理解」。事實上，社會上有很多像D同學一樣「有責任感」的人。有責任感本身是件好事，但在某些時候，責任感卻可能淪為人生的絆腳石。

面對人生百態，我們很難正確判斷到底什麼時候該「負責到底」，什麼時候該「抽身護己」。但是，我們至少要學會「適時判斷」，而非隨波逐流，陷自己於險境。

《女工哀史》和黑心企業的差別

像「黑心企業」這種苛刻的勞動環境，其實並非現代的產物。《女工哀史》一書中，就記錄了大正時代女工的悲慘待遇。《女工哀史》在日本是耳熟能詳的作品，卻很少人知道這本書到底在寫什麼。以下請容我簡單介紹——

《女工哀史》是細井和喜藏於大正十四年（一九二五年）發行的報導文學，記錄當時紡織廠女工所面臨的惡劣工作環境。作者十三歲時就到織坊當學徒，之後在紡織廠當了十五年的基層員工。他的太太也是同一間紡織廠的員工，這部作品就是基於他與太太的真實經驗，以及對紡織業瞭若指掌的兩位老人的口述內容所寫成。

這些女工一天工作十二個小時，幾乎只有吃飯時間可以休息，每週只休一天假。大正末期的一圓，相當於現今日幣的一千兩百圓[14]，在大正十一、十二年期間，女工的日薪介於一到兩日圓之間，且多為以件計酬。新人的收入就更

14 約台幣三百二十五元。

少了，一天只有五十五分錢。據作者的描述，她們的午餐「難吃到令人作嘔」。

這些女工基本上都是住宿，每個月只能外出一次。有些房間只有十二坪，卻住了三個人。宿舍裡有「女工頭」，她們的工作是幫紡織公司盯著下面的人，盡量不讓女工請假。有次有個女工因病躺著休息，女工頭竟向她潑水，逼她起來工作。

該作品記錄了女工備受壓榨的種種苦楚，比方說，夏天的工廠裡滿滿都是人，再加上機器的熱度，整間工廠熱得像地獄的油鍋；工廠裡傳染病盛行，公司又經常強迫女工互相競爭，常有人被機器夾到手腳，嚴重者甚至差點丟了性命。

根據《女工哀史》的記述，大正末期總共約有兩百萬名紡織工人，其中有八成為女工。

當時女工的遭遇就有如現代黑心企業的員工，甚至比黑心企業更血汗、更悲慘。然而，兩者之間卻存在一個非常大的差異，那就是跟現代在黑心企業工作的員工比起來，大正時代的女工較難辭職。

女工剛進入公司，工廠就會強迫她們簽下「誓約書」，保證自己在接下來這三年，一定會從事公司所指定的勞務工作。接下來的日子，她們就是不斷地工作、工作，再工作。因宿舍裡資訊較不流通，所以幾乎沒有人自行辭職。公司還會建議女工的父母以預支薪水的方式借款，導致女工在還清借款前都無法離職，中途離職還會被扣薪水。

反觀現代，有些黑心企業雖然會用契約限制員工不准離職，但現在的員工享有法律保障，勞工基準法本就有規定，雇主不可不批准勞工離職，若有什麼問題，在家都可以上網查到解決方法，又或是向勞工委員會諮詢。

相較於舊時代的女工，現代人可就自由多了，只要你願意，隨時都可以逃。問題來了，既然如此，為什麼還有這麼多人無法逃離黑心企業呢？

重點在於「逃跑力」。當你遭到不合理的待遇，且預估情況無法改善時，請務必啟動自我保護機制，迅速果斷地決定「戰」還是要「逃」——是要對抗公司的黑心體制呢？還是立刻辭職走人呢？若不作出選擇，當心真的會「喪命」！

職場霸凌，不逃嗎？

有些主管仗著自己身為上司，對下屬詆毀謾罵、人生攻擊樣樣來。他們擅長推卸工作，又或是利用包著糖衣的「言語暴力」攻擊下屬。

即便不是在黑心企業工作，還是有可能遭到職場霸凌，遇到「惡主管」，或「惡客戶」。

相信大家都知道，覺得忍無可忍時，「逃跑」才是上策。然而實際上，還是有很多人因為逃不了而賠上身心健康。

這些人為什麼不辭職呢？有些人是因為有經濟壓力，沒有收入就沒錢支付房貸、養家活口；有些人則是因為「自尊心作祟」，覺得錯的又不是自己，憑什麼要自己辭職？

也因為這些原因，職員面對霸凌多選擇「忍氣吞聲」，而不是「挺身抗戰」。有些心胸較為寬大的人還會幫對方著想，覺得主管也有他的難處。

然而，在遇到職場霸凌時，這樣寬大的心胸是最要不得的。「妥協」是最糟糕的選擇，因為人的忍耐是有極限的，不斷地委曲求全，總有一天會受不了崩潰。

為了避免這樣的情形，我們一定要做出明確地決定——該戰還是該逃？該戰就奮戰到底，該逃就立刻逃跑。

正如我在第一章提到的，動物在面對敵人時，必須在第一時間決定要迎戰還是逃跑，可不能什麼都不做，呆呆留在原地讓敵人攻擊。

人類也是一樣。話說回來，「忍受敵人」本來就不是心胸寬大的行為，更稱不上美德。

十七世紀的法國貴族——拉羅什福柯（Fran ois VI, duc de La Rochefoucauld）對於「默默承受他人攻擊而不發怒」這個行為，曾有以下論述：「大部分美德都是由惡德偽裝而成」「人們之所以展現美德，只是為了呈現出自己美好的一面，懶得費工夫懲罰對方，或是害怕對方事後報復。」

也就是說，這些人忍氣吞聲並不是因為心胸寬大，而是他們身上有「包袱」，想要保持「好人形象」，不想把事情鬧大，又或是擔心受到更苛刻的對待。

但他們不知道的是，一味妥協忍讓，對自身評價並沒有加分的效果。

我在拙作《暢所欲言》[15]中寫到，很多人因為怕得罪人，這個也不敢說、那個也不敢說。但是，這麼做真能為自己加分嗎？事實上，這樣反而會招致世人的反感，覺得這些人無法活出自我，總是在看別人的臉色。有人會覺得這些人以和為貴、一味委屈自己來成全別人很值得讚揚嗎？想必很少吧。

「有話直說」或許會得罪某些對象，但那些在職場勇於說出自己想法的人，通常都出乎意料地受歡迎，有時還能吸引到一群「粉絲」呢。

該說的還是得說。若你的論點站得住腳，其他人自然會慢慢向你靠攏，到時若要和惡主管對抗，也不怕沒有本錢。

「暗中報復」也是一種樂趣。你可以打「心機戰」，靜待報復的時機到來，等對方犯錯再「落井下石」；又或是「來陰的」，先讓對方放鬆警戒，再暗地扯他後腿。

該說不說？你已喪失野性本能！

正如我前面提到的，我二十幾歲時非常自以為是，甚至敢批評比我大兩旬的導播、製作人，說他們提的企劃無聊至極，導致自己時不時就被節目炒魷魚。

15《大放言》，新潮新書。

其實，我不是沒有逼自己「閉嘴」過，畢竟節目一旦變少，我的收入也會跟著減少。但後來我發現，我真的做不到，同樣的情況不斷發生。

如今我已年過六十，卻依舊口無遮攔。我經常因為「多嘴」而躍上媒體版面，又或是被大批網友攻擊。沒辦法，我就是忍不住不說。我太太曾在一篇女性週刊雜誌的訪問中提到：「比起輿論的壓力，我先生更受不了『忍住不說』的壓力。」這句話說得一點都沒錯。

不過，在這裡還是要提醒大家，「暢所欲言」是有風險的。比方說，如果你在節目企劃會議上批評別人的提案「無聊」，就必須提出更有趣的想法，否則就會淪為只出一張嘴的「光說不練一族」。與其背上這樣的「臭名」，乖乖閉嘴才是明智之舉。

但要注意的是，一味「避戰」將造成戰鬥力下降。還記得我在第一章說的嗎？肌肉太少使用會退化，判斷力亦然，「戰鬥力」當然也是一樣。

因本書的主題是「逃」不是「戰」，所以關於「戰」的問題我們先就此打住。

我想說的是，重點在於「判斷」——你必須正確判斷情勢，決定要戰鬥還是逃跑。

人類雖然具有社會性，但仍是動物的一分子。既然身為動物，就不該喪失野性本能。

金錢利益分析法

如果你身處黑心企業，又或是頂頭有一個惡主管，卻無法下定決心提出辭呈，又該怎麼辦呢？建議大家可使用「金錢利弊分析法」。

所謂的「金錢利弊分析法」，就是將一切利弊換算成「金錢」，像是「忍耐對自己有沒有賺頭」「若繼續忍耐下去，會造成多少金錢得失」……等。

將一切利弊換算成金錢，可幫助我們做出合理的判斷，進而下定「逃跑」

的決心。將自尊心和罪惡感拋開後你會發現，自己之前怎麼會這麼糾結於這些「包袱」？真是個大傻瓜。

具體而言該怎麼做呢？假設現在這間公司有個每天不斷霸凌你的惡主管，你可以試著比較「繼續留在這間公司」和「辭職找新工作」之間的金錢得失。或許相較之下，現在這間公司的薪水較高，感覺維持現狀較為有利，但別忘了，如果之後因憂鬱症等問題而停職，收入就會大幅減少，甚至無法繼續工作。就這一點而言，怎麼算都是「逃跑」較為有利。

如果你的公司已是風中殘燭，那你該不該立刻換工作呢？就金錢面來看，基本上都是「逃為上策」。這麼做或許會遭到同事怨恨，但就算被怨恨又怎樣呢？你的收入也不會因此減少，根本不需要在乎。

你也為職場的人際關係傷透腦筋嗎？只要使用「金錢利益分析法」，你會發現這些事情對你根本不痛不癢，因為你一毛錢都沒損失。

書寫分析法：要讓這種不可理喻的事繼續發生嗎？

當遇到無法忍受的事情時，可使用「書寫分析法」，將想法寫在紙上，釐清自己到底能否容忍這種不可理喻的事情繼續發生。

請捫心自問：若選擇忍耐，你會開心嗎？事後會不會後悔呢？會不會影響到身體健康？精神上承受得住嗎？把答案寫在紙上。若寫下來的答案大多不利於己，那麼還是逃跑為妙。

建議大家可將逃跑後可能發生的事情也寫下來，幫助自己冷靜思考。

以「離職」來說，爸媽會傷心嗎？主管會生氣嗎？朋友會嘲笑你嗎？

以「降職」來說，薪水會變少嗎？會被調離首都嗎？

寫下來比較一番後你會發現，自己更能夠站在客觀的角度判斷。

大多案例最後得到的結論都是：「逃跑」根本不會造成特別的損失。這就是「化抽象為具體」的力量，很多事情苦思無果，寫出來才能歸納出結論。

若你的結論是「繼續忍耐」，那就再忍耐一陣子。重點是要懂得止步思考，而非一味忍耐。

不要埋頭瞎忍

如果你的結論是「繼續忍耐」，請務必做好隨時逃跑的準備，因為人的忍耐是有限度的。

那麼，什麼時候才是最好的逃跑時機呢？首先，你必須認清自己的忍耐極限，像是「我能負荷的業務量是多少」「身體出現何種變化是危險信號」。有了心理準備後，才能在受不了時做出「立刻逃跑」的判斷。

每個人的忍耐極限都不同，且差別非常之大。有些人每個月可以臉不紅氣不喘地加班一百五十個小時，有些人加班五十個小時就不行了。

千萬不要以其他人為基準。同事一個月能加班一百個小時，不代表你也可以。這沒有什麼好丟臉的，請遵循自己的感覺，不要跟一個月可以加班一百五十個小時的人比較。

大多「忍耐型」的人都習慣「裝堅強」，很少發牢騷，這是相當危險的事。

我在拙作《鋼牌》[16]中曾介紹一則伊索寓言〈橡樹與蘆葦〉：

小河旁有棵粗壯的橡樹，樹旁長了許多瘦弱的蘆葦。每當有風吹來，都把蘆葦吹得左右搖擺，總惹得橡樹一陣嘲笑：「看你們低頭哈腰的，這風完全吹不動我！」一天暴風來襲，橡樹挺直枝幹正面迎風，最後不敵強風而腰折。蘆葦則像平常一樣彎著腰隨風搖擺，平安存活了下來。

同樣道理也可運用在人類身上。裝堅強的人就像橡樹，壓力來襲時總是不避不躲，正面迎敵。這樣的人會有兩種下場，因突如其來的沉重壓力而腰折，或是壓力一天天加重，最後因承受不了而崩潰。

16《鋼のメンタル》，新潮新書。

與其硬撐當棵橡樹，何不當一株柔軟的蘆葦呢？微風吹來就低頭，看似軟弱，卻能順利渡過強風。

有些人遇到困難就忍不住怨天尤人。乍看之下不怎麼光彩，但事實上，他們才是能夠在壓力下「屹立不倒」的人。

這麼說好像是在幫自己辯駁，但不怕各位知道，我就是個「牢騷鬼」。遇到一點困難就立刻把「累死了」「我不行了」掛在嘴邊，然後鑽進被窩睡大覺。我常因一些發言受到媒體跟網友攻擊，卻還是活得好好的，便有不少人以為我已練就金剛不壞之身，臉皮像鋼板一樣厚。其實我的心靈非常脆弱，但也多虧了這份不堅強，我才能夠平安存活到今天。

去居酒屋喝酒時，常能看到上班族大講公司的壞話，抱怨上司和客戶。很多人對這樣的行為相當反感。看在我的眼裡，卻是再好不過的行為。有牢騷就要發，有怨氣就要講，否則如何幫壓力找到出口？

就如我在《鋼牌》裡說的，盡量講別人的壞話吧！從小大人就教導我們「不可以說別人壞話」，這是不正確的觀念。我動不動就口出怨言，沒人聽我就自言自語。寧可當個滿口怨言的人，也不要強行忍耐、勉強自己。

人生有捨才有得

我們必須隨時檢視自己是否活得「太過用力」，是否對所有事都「傾盡全力」，果真如此，則永遠擺脫不了忙碌的生活。換句話說，就是學會如何「放手」，放掉無關緊要的工作。

「放手」並非壞事。我們的時間與體力本就有限，所以必須錙銖必較，花在真正重要的「大事」上。如果對任何事都投入百分之百的時間與勞力，事情哪做得完呢？

人體本就不是「傾盡全力」的設計。內臟和肌肉要有能量才能活動，而人體負責運送能量的是血液，但因為血量有限，無法滿足每個部位的需求，所以人體其實一直處於「慢性血液不足」的狀態。

為了解決血量不足的問題，身體會將血液集中流向當下最需要能量的部位。比方進食時集中流向腸胃，用功時集中流向腦部，跑馬拉松時則集中流向心肺和腿部。

就人體的設計而言，我們本就無法百分之百投入所有事物。正確的做法是均衡分配，而非做什麼都全力以赴。該用力的時候用力，開放手的時候就放手。

事有輕重緩急，將力氣花在重要的工作上，其餘的工作就視情況分配五分或八分的力氣。觀察職場同事你會發現，那些辦公室裡的王牌，都是分配時間與力氣的高手，絕不會做什麼都全力以赴。

職業棒球也是一樣，球隊不會一季一百四十三場比賽都使出全力，有些賽局只能使出「隨便應付戰術」。比方說，前半場A隊已大幅落後，在毫無勝算的情況下，就可將王牌投手換下來，讓板凳投手上場投完比賽。這麼做或許很對不起花錢來現場加油的球迷，但為了保持戰力，這麼做才是正確的選擇。如果打八十場勝仗即可奪得冠軍，剩下的六十三場比賽輸了又如何？

人生和工作也是一樣，應視情況使出「隨便應付戰術」。唯有懂得適時收手，才能夠緩解忙碌的工作壓力。

調職又如何？

你也有煩心的事嗎？很多時候，我們的憂愁看在別人眼裡，只是「奢侈的煩惱」。

比方說，有些編劇和導播並非電視台的正職員工，一旦手上的節目因收視率不佳而停播，他們就會完全沒有收入，陷入「斷糧」狀態。相對於這些自由業者，電視台的正職員工收入高、待遇好，即便手上的節目停播，也不會遭到降薪。

然而有趣的是，每當節目收視率下滑，最煩惱的卻是擁有正職身分的導播和製作人。以前我在電視台工作時，就經常聽到導播胃潰瘍或胃穿孔。

他們為什麼會煩惱至此呢？因為他們擔心一旦節目做不下去，自己的評價就會一落千丈，導致無法升遷，或是被調離製作部門。但就我們這種外聘人員看來，這些都是「奢侈的煩惱」——又不是被炒魷魚，只是維持現狀或調職，薪水還是一樣多。自由業者每天忙著追求三餐溫飽，根本無暇煩惱這種事。

其他業界也是一樣，很多人都擔心工作上遭遇失敗，怕會因此毀了前程。

當然，人都希望把工作做好，擔心異動也是無可厚非。但千萬不要「過度煩惱」，自怨自艾地覺得自己是世界上最不幸的那一個。如果你的薪水被砍到只剩三分之一，房貸付不出來，那我還能理解。但如果不是，實在毋須煩惱至此。「人事異動」看在那些被解雇的人的眼裡，根本就不算什麼。

各位看過橫山秀夫所寫的小說——《64——史上最凶惡綁架撕票事件》17嗎？男主角是一名被從刑事部調到公關部的警察，他為這次調職而懊惱不已，甚至做出令人匪夷所思的舉動：為了問清楚調職緣由，在三更半夜殺到前任上司家。雖然男主角確實有他的苦衷，但讀到這段時，我著實被他的行為嚇了一大跳。不過，既然這樣的劇情會在小說裡出現，就代表社會上很多人都有類似的煩惱吧。

17《64ーロクヨン》，台灣東販出版。

第四章

逃離人際關係的勇氣

男女老少的共同煩惱

說到男女老少的共同煩惱，肯定就是「人際關係」了。

十幾二十歲的學生，必須面對學校同學、社團社員、打工同事。

社會人士必須面對職場的各種人際關係。就算頂頭沒有「惡主管」，一樣得面面俱到；進入大企業，難免面對派系問題；如果是需要維繫人脈的工作，還得拿出八面玲瓏的交際手腕；即使是婦女二度就業，也得小心翼翼，以免和其他女同事發生衝突。

已婚人士則必須面對親家的人際關係，除此之外，還有左鄰右舍、小孩學校的家長會、家長之間的相處等問題。據說在某些較注重敦親睦鄰的地區，鄰居的人際壓力比工作壓力還沉重。很多人活到六、七十歲，還是每天為人際關係煩惱，翻臉吵架的大有人在。

有了手機，人際關係的問題就更嚴重了。簡訊、LINE 等社群軟體出現後，訊息更是每天二十四小時如雪片般飛來。見面三分情，有些人仗著簡訊看不到對方，說話也變得肆無忌憚。很多人都被這些訊息搞得一個頭兩個大，承受了莫大的壓力。

但如果你建議他們：「不想往來就斷絕聯絡吧！」他們又會拿出各種理由，像是：「哪逃得掉啊？」「這牽扯到我孩子的人際關係，哪能說斷就斷」「我暫時沒有搬家的打算，只能忍氣吞聲」「我好不容易才找到工作，不想那麼快辭職」……

確實家家有本難念的經，每個人都有自己的難處。每個人的成長環境不同，聚在一起很難不發生衝突。若因為一點不順利就立刻逃跑，那可就「逃不完」了。

但我認為，如果這段關係對你或家人並非絕對必要，或是百害而無一利，就沒有堅持下去的必要。

仔細思考你會發現，多數人際關係其實沒有也無所謂。日子還是照過，未來還是一片光明。很多人際上的「需求」都是我們「想像」出來的。正如我在前一章所提到的，很多人之所以無法離職，是因為「自以為做不到」，導致困在原地動彈不得。人際關係也是一樣。接下來，我們就來談談人們對人際關係的「想像」與「自以為」。

你也是 LINE 和臉書的「受害者」嗎？

我在《鋼牌》一書中寫到，現代人每天都把大量時間花費在社群網站上。比方說，在 LINE 上面跟朋友互傳訊息，又或是開群組多人聊天。只要出去玩或去餐廳吃飯，就一定要拍一堆照片，上傳到 Instagram 或臉書，或是對其他人的貼文按讚留言。

玩社群網站可不是年輕人跟學生的專利，很多家庭主婦跟上班族也都是人手一機，每天在網路上與人交流。

如果這麼做能讓你感到快樂，要花多少時間都無所謂。但事實上，多數人對此都是有苦難言。

比方說，很多人擔心已讀不回會引來反感，所以每天都機不離身，生怕漏回任何一則訊息。若太久沒在群組內發言，還有可能被點名責怪，甚至直接被踢出群組。

這樣的情形不只發生在國高中生身上，不少大學生、社會人士也經常活在已讀不回的陰影當中，只要沒在群組內發言，就會遭到撻伐。老實說，對此我感到非常驚訝。

有些人每天都在臉書和 Instagram 上拚命按讚留言，其中也不乏違背心意之人。因擔心得罪對方，就算覺得「爛」，也昧著良心按「讚」。

我有個朋友每天都花兩個小時到社群網站按讚留言，原因是曾有人向他抱怨：「我都有回應你的貼文，你為什麼都沒來我這裡留言？」

仔細想想，這些其實都是豐衣足食、有錢有閒的產物。如果大東亞戰爭期間有LINE，一定不會有人去苛責已讀不回的人——躲空襲都來不及了，哪有時間回訊息跟按讚呢？

你的「好友」真心嗎？

如果在網路上與人交流讓你感到痛苦，就不要繼續強迫自己了。

如果一個人會因為你已讀不回或沒有按讚就說三道四，代表他根本不是你真正的朋友。既然他不是你真正的朋友，又何必那麼在意他的感受呢？

很多社群網站上的「好友」，現實中都只有一面之緣，又或是素未謀面。人生中有更多重要的人值得你去珍惜，像是伴侶、恩人等等，何必把時間浪費在八竿子打不著邊的陌生人身上呢？

如果你為了討好網路上的「好友」，而把現實中真正重要的人晾在一旁，那更是本末倒置。我完全無法理解，為什麼有人寧願每天花兩個小時上臉書，也不願花一分鐘與家人培養感情。把好不容易空出來的時間花在陌生人身上，實在是蠢斃了，這麼做只是在荒度有限的人生。

現實生活也是一樣，人生苦短，我們沒有那麼多時間去討好每一個人。建議你可以在紙上寫下人際關係的優先順序，有了明確的順位，就能夠快刀斬亂麻，免去不必要的交際。

那些LINE和社群網站上的「好友」，在你真正遇到難關時，沒有幾個會對你伸出援手。若為這種人際關係煩惱頭疼，可就太不值得了！

幹嘛怕孤單？

現代人並非不知道社群網站軟體所帶來的問題，卻無法說戒就戒。很多人寧願把家人晾在一旁，也不願放下手機。

為什麼大家那麼熱衷於 LINE、Instagram 和臉書呢？

我想，應該是來自過度恐懼「孤單」和「無聊」的心理。

智慧型手機普及後，我們隨時隨地都能夠跟朋友聯繫。無論你是在紐約、巴黎，還是美國的大草原，是一個人吃飯還是去外地出差，都可以跟老同學或同事聯絡。習慣「隨時有人陪伴」的感覺後，一旦沒了網路，就會感到特別孤單寂寞。

再加上，每每打開 Instagram 和臉書，印入眼簾的都是別人充實又美好的生活。日語有個詞叫「現實充」，意指「現實生活過得非常充實的人」，藉此比對「只有在網路上看起來光鮮亮麗的人」。

看完那些「現實充」再低頭看看自己，不免會感到有些空虛，覺得自己的人生既孤單又無趣。這就像是，有些人只要行事曆一空下來就覺得渾身不對勁，千方百計想要填滿每一天、每一刻的行程，兩者其實是類似的心理。也因此，很多人才習慣利用社群網站填補生活中的空白。

然而，若想利用網路填補「孤單」和「無聊」所造成的心靈空虛，必須要有大批「願意理你」的網友，所以才有那麼多人急著討好網路上的陌生人。

「孤單」和「無聊」真有這麼可怕嗎？我倒是認為，孤單是很快樂的事。

如果你不信，可以將手機留在家裡一天試試看。或許你會問：「沒辦法讀LINE怎麼辦？」基本上，對方看到你訊息未讀，應該就知道你有什麼特別的原因，之後再向他賠罪即可。

身上沒有手機，一開始或許會感到焦躁不安，但時間一久，就能逐漸擺脫手機的束縛，甚至感到神清氣爽。多出來的時間可以拿來看書、想事情，做各種想做的事，度過充實的一天。

這麼做你會發現，自己之前不斷回訊息、按讚、留言、討好不重要的人，根本就是在浪費時間。進而果決地斷絕聯絡，又或是與對方保持適當的距離。

順帶一提，我沒有LINE帳號，也沒有在玩Instagram。我玩推特（Twitter），但都是看心情發推文，有時還會一連消失好幾天。

在推特上，只要有人傳我看不順眼的訊息給我，我就會立刻將對方封鎖，這麼一來，他就無法瀏覽我的帳號，自然無法再丟訊息過來。有些人將推特當作交換不同意見的平台，但我何必和對我抱有敵意的陌生人交流意見？這麼做對我根本沒有好處。對我而言，推特的封鎖功能是一種「逃跑的力量」，幫助我逃離不必要的壓力，也因此，我每天都「快樂地」封鎖許多網友。

別淪為「廁所午餐族」

很多人害怕孤單，是因為過度在意別人的看法。

年輕人多多少少都會在意別人的眼光，但近來卻有「走火入魔」的傾向。

聽說，最近有學生在學校沒有朋友、中午沒人一起吃飯，因為不想讓別人看到自己一個人吃午餐的窘境，所以躲進廁所吃午餐。我原本以為只有國高中生會這麼做，沒想到就連大學生也有「廁所午餐族」，真是令人驚訝。

先不說別的，在廁所吃午餐一點都不美味。因害怕被他人指指點點，將原本快樂的用餐時光化作折磨，做到如此地步實在有些過火了。

這些人並非活在自己的人生，而是他人的眼光下。

如果你是為了別人而活，要如何為自己定義「幸福」呢？切記，無論你做得多好，別人永遠有話說，若事事在乎他人的看法，就只能時時刻刻繃緊神經，永遠無法有放鬆的一天。沒有朋友或許有些孤單，但並不是件丟臉的事，別人要怎麼想是他家的事。如果真有人想看你一個人吃飯的窘樣，就讓他看個夠吧。

克服心魔後，你會發現，自己其實並不害怕孤獨，而且別人根本沒有那麼在意你啊！

被排擠又怎樣？

最近在路上常看到幾個女孩子頂著同樣髮型、穿著同款衣服走在一起。我是個時尚絕緣體，對這方面不是很了解。但我以為，就算要穿姐妹裝，也會刻意戴不一樣的飾品，在小地方凸顯個人風格。穿得像複製人一樣難道不會難為情嗎？然而，這些女孩似乎是故意穿得一模一樣。

在我看來，這樣的行為著實反映出年輕人的心理。他們不喜歡平凡無奇，卻又不想成為別人眼中的異類。想要跟別人一樣，卻又渴望凸顯自己的個性——這樣的心理實在矛盾。

用魚來比喻，這些人就像只敢游在魚群中的沙丁魚，又希望自己在魚群裡「有點亮眼」。

穿「朋友裝」展現友情非常好，但如果只是不想被朋友當做異類，那可就不好了。

為什麼呢？因為這種人若遭到朋友排擠，一定會受到很大的打擊，甚至一蹶不振。

她們總是過度在意朋友的感受。為了不成為朋友眼中的「ＫＹ」[1]，隨時都在察言觀色，就怕一不小心說錯話、做錯事。

日文的「察言觀色」寫作「空気を読む」，直譯為「讀空氣」。因國外似乎沒有這樣的文化，所以很難翻譯。

凡事配合他人，其實就是在扼殺自己。這麼做很容易累積壓力，將情緒發洩在自己的至親家人身上。

況且，懂得察言觀色不代表一定奏效。如果一個人極盡討好卻遭到排擠，會發生什麼事？肯定是悲憤交加，陷入絕望的深淵之中。

就算是跟死黨相處，也應隨時做好「被排擠」的準備，不要過於害怕得罪對方。千萬別被「討好心態」蒙蔽了心智，何不試著問自己：「不跟對方穿朋

1 日文的「白目」，意指不懂得察言觀色、不識時務。

友裝，後果真的那麼嚴重嗎？」唯有活出自我風格，才能經營快樂人生。

如果你非常害怕目前的朋友關係瓦解，代表你的生活圈太過狹小，所以才會覺得那些人就是你的全世界。就像把自己關在井底，每天都活得提心吊膽，擔心井底環境惡化後，自己就會陷入絕境、無處可去。

但是，現實生活中的你，並不是住在井裡。你想要逃多遠，就可以逃多遠。

暴力男來了，快逃啊！

「夫妻」是最親近的人際關係之一。

夫妻問題百百種，若說到最令人煩惱的夫妻問題，「家庭暴力」絕對排得上前幾名。近年來，不只夫妻之間的暴力，前夫前妻又或是男女朋友之間的暴力也可稱作「家暴」。而大部分的家暴都是男性對女性施以暴力。

我沒有對另一半施暴過，所以不太清楚「暴力男」在想什麼。但我還是要建議女性朋友，如果妳的另一半對妳動手，請立刻分手。退一百步來講，就當動手一次是理智斷線的意外，那麼只要有第二次，請不要有任何猶豫，立刻逃走才是上策。因為有第二次就會有第三次，有第三次就會有第四次，永遠沒有停止的一天。

然而放眼社會，很多女性卻無法快刀斬亂麻。因為暴力男的絕招就是「第二天道歉」，像是「對不起，我不能沒有妳」「對不起，這個世界上我最愛的就是妳」，女性一聽到這種話很快就會心軟，覺得「對方不能沒有我」「這個世界上只有我懂他」，因而回到對方身邊。

在此奉為各位女性朋友，千萬別被甜言蜜語給騙了！不難想像，過一陣子對方又會故態復萌，揍完妳一頓後，隔天再向妳道歉。

長期忍耐家庭暴力，很容易悶出精神疾病。精神科醫師片田珠美指出，當人受到攻擊、精神受到創傷卻無法反擊時，就會將心中的憤怒和敵意轉向更為弱小的對象或是自己，這股怒氣最後會化作罪惡感，甚者還可能罹患憂鬱症。

當情況惡化至此，就很難自理生活了。這麼一來，就無法保護孩子遠離父親的暴力，甚至忍不住對孩子施暴。

為了保護自己免於身心受創，只要對方對你動手一次，就應該立刻跟他分手。

很多人被打後找親朋好友訴苦，得到的回應卻是「忍一時風平浪靜」。千萬別聽信這種鬼話，這種做法只是在息事寧人，根本沒有站在受害人的角度思考。遇到這種事情，應由受害人本身判斷該怎麼處理，忍無可忍就無需再忍，立刻逃離暴力男的身邊吧！

「足不出戶」是正確的「逃法」嗎？

「足不出戶」也是一種「逃法」。現今有很多不去上班也不去上課、把自己關在家裡的「繭居族」，其中除了十幾、二十幾歲的年輕人，也不乏三、四十歲的中年人。

在我看來，足不出戶並非完全不可取。受傷的野生動物，不也會躲到洞穴裡面、靜待傷口痊癒嗎？既然如此，人類在公司、學校受到嚴重心靈創傷，當然也可躲在家裡休養，直到體力完全恢復。

但要注意的是，野生動物傷口痊癒後，就會立刻離開洞穴。人類「閉關」休養一陣子後，也應該重新回歸社會。然而，有些人一閉關就是好幾年，這實在不是優質的逃跑方式。

我們為什麼要出社會呢？因為人類是社會性動物，人人都必須對社會有所貢獻。

動物可分為群居動物和獨居動物，前者像是狼和獅子，後者則有老虎。人類屬於群居動物，日文的「人類」，漢字寫做「人間」，也就是「人與人之間」。我們必須仰賴社會上其他人的力量，否則很難存活。

即便足不出戶，還是得在家裡使用水電瓦斯。若沒有電力公司、瓦斯公司、自來水廠的幫助，我們根本就無法生活。到便利商店買的午餐也是許多人合作的產物，先要有農家種植食材，交給工廠加工後，由物流司機將成品送到便利商店，再由店員上架。

你所過的每一天，都是無數恩惠的堆疊。對社會毫無貢獻，等於放棄了人類的生存之道。當然，因病休養的人應另當別論，但如果你沒有生病，卻只是坐享其成，不為別人出點心力，那就太說不過去了。

所有動物長大都得離開父母獨立生活，人類也是一樣。「啃老」已違反了自然法則，就像一隻巨大的袋鼠，硬要塞進袋鼠媽媽的育兒袋一樣。

若你受不了現在的團體生活，覺得身心都已面臨崩潰邊緣，請務必頭也不回地逃跑。你無需逼迫自己重返舊地，但請不要從此與社會絕緣。為社會付出貢獻，才是人類的生存之道。

某些情況下的「足不出戶」其實是一種精神病症，有些人則是因為從小被父母過度干涉、過度保護，又或是青春期遭遇挫折後一蹶不振，才把自己關在房間裡。這些人要克服心理障礙、融入社會比較困難。因該問題牽涉的範圍較廣，在此就不多做討論。

孩子能否擺脫校園霸凌，和你有關

近來不少「霸凌事件」在社會上引發了軒然大波，不少孩子都因為受不了霸凌而走上絕路，自我了結生命。

「霸凌」就在你我身邊。很多人學生時代就是霸凌的受害者，又或是自己的孩子正面臨校園霸凌的威脅。即便你自認孩子在學校沒問題，但很多時候，只是父母沒注意到問題罷了。

中小學生的生活圈很小，一旦遭到霸凌便無處可逃。那種陷入絕望的痛苦，非親身經歷過根本無法體會。

那麼，我們要怎麼幫助孩子脫離絕境呢？若你的孩子遭到霸凌，請為孩子開示「逃跑路線」，讓他知道自己是可以逃跑的。因為孩子無法靠自力逃離校園，就算他想轉學，也必須由父母提辦手續。

但要注要的是，有些孩子自尊心較強，不想讓父母知道自己在學校的窘境，又或是不想讓父母擔心，所以不會主動告知爸媽自己被霸凌。

為避免這樣的情形，父母應打造一個可以讓孩子「告解煩惱」的環境，讓他們有機會傾訴自己的痛苦。即便孩子已升上國中，但他終究只是孩子，就讓他好好向你撒嬌吧。

狗與貓的生存之道

二〇一七年，一名男子因在電車內玩滑板車，遭函送檢方偵辦。該男子搭上日本ＪＲ湘南新宿線的電車後，於電車從橫濱站駛往武藏小杉站的期間，用滑板車滑了整整四個車廂。

這件事真是荒謬至極。但最令人驚訝的不是行為本身，而是該男子竟然是個五十九歲的大叔。六十歲在日本又稱「還曆之年」，代表人生已過了一輪，重新回到兒時的曆數。我想這位歐吉桑可能是等不及要返老還童，才會做出這種事。動畫裡有「外表是小孩，頭腦是大人」的名偵探，現實中卻有「外表是大人，頭腦是小孩」的大叔。

這則新聞只是滄海一粟。現在這個年頭，「沒品」不分男女老少。有次警方逮捕了一名飆車族，還以為是血氣方剛的少年家，一查年齡才發現他已年過四十。有些人都活到一把年紀了，仍臉不紅氣不喘地隨地丟垃圾、亂插隊。

有些較有正義感的朋友，看到路人做出沒品行為時總會出聲制止。我懂這種感覺，但在此還是要奉勸大家，遇到這種事情最好「明哲保身」。為什麼？因為跟這種人說道理有如對牛彈琴，白費工夫。

在我看來，那些在大庭廣眾之下做出沒品行為的人，根本就不是「人類」，而是「野獸」。他們不具備人類的理智，若對他們進行道德勸說，很可能會被反咬一口。

事實上，很多人因此喪失寶貴的性命。比方說，一名二十五歲男子在高速公路休息站亂停車，擋住其他來車去路，被一對夫婦制止後，竟急速追車，強逼對方在高速公路上停車，導致對方被後方駛來的貨車追撞身亡，獨留一名孤女遺世。只能說，世上到處都有不正常的人。

對付這種人，最好的方式就是不理他。我叔叔從年輕就很火爆，經常到處與人幹架。大概是見過太多世面的關係，叔叔老了以後，也做好了十足的準備。前陣子他去世後，我們在他愛車的後車廂中找到一把十字鎬。這讓我不禁佩服起他的深謀遠慮，如果他放的是木刀，遇到警察臨檢可就百口莫辯了，相對的，十字鎬則可用「工具」來矇混過去。雖然我不建議各位效仿我叔叔的有備無患，但世上不正常的人實在太多了，還是得事先想好應對之策。

我們永遠都不知道什麼時候會碰上不講道理的狂徒，所以，如果你不小心在路上撞到人，被對方惡意找碴，也請不要跟他正面起衝突。大多時候，這種人只是手癢想揍人而已，如果你被他激怒，動手揍了對方，就等於給了他正當防衛的理由，更能肆無忌憚地還手了。若不幸遇到這種人，最好的解決方式就是乖乖道歉。還記得第三章提到的「金錢利弊分析法」嗎？打架無法為你帶來半毛收益，與其把時間拿來與狂徒大打出手，倒不如去賺錢比較實在。

也許你會說：「這是尊嚴問題。」但就算維護了尊嚴又怎樣？打贏了對方又怎樣？這麼做對你沒有半點好處。如果不小心下手太重，導致對方受了重傷甚至死亡，更是得不償失。為了一隻狂犬而坐牢、賠償幾千萬，豈不是太蠢了？

每每看到對人莫名狂吠的狗，我總心想，牠們到底在吠什麼？沒有人侵入牠們的地盤，主人也沒有遭遇危險，更沒有人攻擊牠們的孩子。既然如此，這些狗為什麼要對人狂吠呢？我能想到的原因只有一個——牠們喜歡看到人們害怕逃走的樣子。

記得我小時候，街上到處都有野狗。有些野狗似乎特別喜歡「欣賞」小孩嚇得四處逃竄的糗樣，一看到小孩就狂追猛吠。追咬人類對野狗而言沒有任何好處，若遇到脾氣不好的大人，還有可能被狠踢或是棒打。

牠們這麼做不是為了「吃人」，既無法獲得食物，還可能惹得一身腥。在我看來，這些狂吠的野狗心態跟人類很像。寧可冒著被打的危險，也要滿足自己渺小的自尊與優越感（？）。

就這點而言，貓就不一樣了。貓咪只要嗅到危機，就會立刻逃之夭夭，絕不會靠近有風險的人事物。貓咪不會對迎面走來的嬰兒哈氣，因為牠們不做沒有好處的事。

總而言之，為保護自身安全，請務必仿效貓咪的生存之道。

——別看我寫得這麼好聽，其實我自己也還在努力當中。搭電車時看到有人做奇怪的事，我還是會忍不住嚴聲喝斥對方。不過，我已過了還曆之年兩年，也該是時候用貓咪的方式生活了。

人際煩惱大多只是雞毛蒜皮

「人際煩惱」對當事人而言無疑是一種折磨。但恕我直言，跟其他煩惱比起來，人際煩惱大多都只是些雞毛蒜皮小事。

比如有些人生了重病，剩沒多少時間可活；有些人在意外中失去手腳，有些人欠下一輩子也還不完的巨債，有些人失去了所有家人，有些人在災害中失去溫暖的家……和這些煩惱比起來，人際煩惱實在是不值一提。

很多人好不容易買了自己的房子，卻因東日本大地震、阪神淡路大地震，一夕化為烏有。這麼說或許有點有些不妥，假設你最大的煩惱是「中午沒人一起吃便當」，請想想這些人所面對的困境。你會發現自己的想法是多麼可笑，甚至想打醒昨天的自己。

如果日本捲入第三次世界大戰，飛彈從天而降時，光思考怎麼逃跑都來不及了，你還會煩惱「要在臉書上留什麼言」嗎？

這樣你還覺得，人際煩惱很嚴重嗎？

看到這裡一定有人怒不可遏：「你在說什麼鬼話？現在又不是在打仗，你的假設根本無法成立，一點都不值得參考！」沒錯，現在並沒有在打仗，但日本上一場戰爭，距今也還不滿百年。我爸爸和叔叔都上過戰場，各位讀者之中或許就曾打過仗，就算自己沒有遇過戰爭，祖父祖母或許也經歷過。

現在雖然沒有打仗，但還是有很多人正面臨巨大的困難。東日本大地震、阪神淡路大地震奪走了多條人命，也造就了許多悲慘的遭遇。

只要稍作思考，你會發現自己的煩惱其實如此渺小。

面對同樣的情況，有人痛苦得生不如死，有人則完全不當一回事。

以前我曾與歌手千昌夫通過電話，當時他負債三千億日圓，預估一輩子都還不完。不過，他並未因此而烏雲罩頂，依舊保持開朗樂觀的個性。我有個朋友因欠下大筆債務而向法院申請破產，但他還是微笑面對每一天，快樂到我不禁替他擔心：「他的債主看到此情此景不知做何感想……」

有些病人得知自己活不久後依舊生氣蓬勃，用力享受每一天；有人在大地震中失去了家產與家人，卻還是積極前進，樂觀過活。

一件事是不是「煩惱」，端看你如何面對，如何選擇。

我們都不斷在自尋煩惱

人類這種生物非常有趣，我們總是在自尋煩惱，解決了一個，就急著尋找下一個。人類堪稱「自尋煩惱」的箇中高手，很多人明明仕途順利、雙親健在、妻小健康，自己也沒病沒痛，卻還是每天煩東惱西。他們的「煩惱」看在他人眼裡，幾乎都是微不足道的小事。

愈是幸福的人，煩惱的「等級」愈低，導致視野不斷縮窄，看到的範圍愈來愈小。但其實，只要將眼光放寬放遠，就會發現自己的煩惱其實非常渺小。

想要拓寬視野，你需要多讀一點書，多看一點電影。

建議大家可以閱讀維克多・弗蘭克（Viktor Emil Frankl）所寫的《向生命

說YES！》[2]。作者是奧地利的精神科醫生，第二次世界大戰時曾被關進奧斯威辛集中營[3]，這本書記錄了他在營內的所見所聞。

德國納粹在奧斯威辛殘殺了八百萬名猶太人和戰俘，其手段殘暴無比。記得我讀這本書時才十六歲，書中的字字句句不斷震撼著我的心，我讀得渾身顫抖不已，沒想到這世上居然有如此邪惡之事，令人不敢置信。

德國納粹對無辜猶太人所施予的暴行，除了眾所皆知的「齊克隆B（Zyklon B）毒氣屠殺」，還有各種慘無人道的拷問，甚至拿猶太人做人體實驗，像是移植壞疽菌到猶太人身上，或是把他們泡在冷冽的冰水裡。猶太人每天都得做苦工，稍微停下休息就會被毒打一頓。集中營內環境惡劣，因集中營看守將藥物私吞變賣，導致猶太人飽受蝨害和傳染病之苦，生病了也無人幫他們醫治。弗蘭克回憶，當時一天的餐點只有不到三百公克的麵包，以及一公升清淡如水的湯，飢餓不斷在營裡蔓延。別說生不如死了，那環境連地獄都不如。

身在如此惡劣的環境中，弗蘭克身為精神科醫師，苟延殘喘之餘，仍致力於分析自己的精神狀態——

「痛苦的人、生病的人、一步步邁向死亡的人、死掉的人——在集中營內待上幾週後，眼前的一切都成了理所當然，令人不為所動。」

十六歲的我讀完這本書後相當慚愧，跟集中營裡的猶太人比起來，我的煩惱根本就是小巫見大巫。

自此以後，我就沒什麼真正的煩心事了。我覺得自己非常幸運，對生活充滿了感恩。

你以為納粹的殘暴行為只是例外嗎？並不是。放眼世界歷史，多的是這種慘絕人寰的案例，進入二十世紀後，蘇聯、中華人民共和國仍進行過大量肅清，柬埔寨波布（Pol Pot）政權也曾發生過大屠殺，非洲諸國因內亂所引起的民族虐殺更是層出不窮。即便是二十一世紀的現在，全球仍有許多人活在水深火熱之中，跟他們比起來，我們真的是過得太幸福了。

---

2 *TrotzdemJazumLebensagen: EinPsychologeerlebt das Konzentrationslager*，啟示出版。

3 位於波蘭南方，為第二次世界大戰納粹德國所建最主要的集中營和滅絕營。

第五章

什麼時候不可以逃？

因為「不適合」就辭掉工作？那可就太遜了！

看到這個標題，你是不是感到莫名其妙呢？我在第三章曾告誡大家，遇到「惡公司」「惡主管」請務必立刻逃跑，現在又下這個標題，相信一定有人覺得前後矛盾吧？但我想說的是，在某些情況下，「逃跑」並非最佳選擇。

據說現在有三成新人會在三年內離職，這讓我不禁感嘆：「會不會逃得太快了？」當然，如果遇到「非比尋常」的公司，像是誤闖黑心企業、工作內容遊走於法律邊緣、遭遇惡劣的職場霸凌，或是像第一章大型廣告公司女員工那樣的特殊案例等，還是要快逃為妙。但如果只是普通的公司、正常的工作，只做一、兩年就辭職，未免也太承受不起挫折了。事實上，任何工作最好都要做滿三年，否則無法得知箇中樂趣與難處。

很多人才做一、兩年，就以「不適合自己」為由就辭去工作。其實，只花上一、兩年的時間，根本不足以判斷這份工作是否適合自己。

如果你只是因為被上司罵，或是工作不順利，就覺得某份工作不適合自己，那代表你抗壓性太低了。

出社會前，我們都只是不諳世事的學生，很少人一開始就能夠在職場上叱吒風雲。在這樣的情況下，做不好被主管罵是很正常的。若你因為主管的幾句話就自暴自棄，哪成得了大事呢？

會覺得工作「不適合」自己的人，是否有些搞不清楚狀況呢？工作是一種賺錢的手段，並非玩樂，也不是社團活動。賺錢本來就不容易，若真有「爽爽賺」的肥缺，早就被人家占走了，哪輪得到我們？

其實，就新人的工作能力而言，很多公司給出的薪水，遠比新人為公司賺得多。雖然新人技術不精，又缺乏專業知識，還是有很多公司願意寄予厚望，給出較高的薪水。假設公司每個月給你二十萬日圓（約台幣五萬四千元），你每個月的工作內容，真的值這麼多嗎？如果同樣的工作內容，用同樣的薪水交給打工的學生做，他們會有什麼反應呢？如果你的薪水能讓學生覺得「賺到了」「好棒的薪水」，那就算是相當優渥了。

最近愈來愈多人的願望是「做喜歡的工作」，這樣的想法讓人吃不了苦，一心只想找樂子做。事實上，如果年輕時不斷換工作，很容易就養成動不動就逃跑的習慣，因而失去學習的機會，以致到四、五十歲仍沒有一技之長。試想，會有老闆想雇用一個什麼都不會的五十歲半調子嗎？少壯不努力，小心老大徒傷悲。

剛進入一間公司時，請務必奮發圖強，設法在公司裡脫穎而出。先努力個三年，再判斷這間公司適不適合自己，也不遲啊。

想做就一定做得到嗎？

有些人不努力工作，藉口卻一大堆，一下批評工作內容，一下又說沒心情工作。就某層意義而言，這其實是非常糟糕的逃避方式。這些人為什麼不認真工作呢？因為「努力」會讓他們「自曝其短」，顯示出自己的能力不足，所以他們才會故意逃避，不敢努力。

在我看來，現在之所以會有這麼多這種人，都得歸咎於一句話——想做就一定做得到。

最近的師長父母為了培養孩子的自信心，經常將這句話掛在嘴邊。孩子聽久了，這樣的觀念便深植心中。

然而，這句話卻有著意想不到的反效果——很多人長大成人後，仍不斷欺騙自己「想做就一定做得到」。

當你尚未做出任何努力，到底何來這種自信？這種沒來由的信心容易讓人萌生逃避現實的心理：「我只是現在不想做，等我想做時就一定做得到。」

如果你只是不斷在逃避工作，是無法進步成長的。因為你不清楚自己會什麼、不會什麼，也不知道自己的能力極限在哪裡、必須付出多少努力。你能想像嗎？一個人到了三十歲、四十歲都還在原地踏步，沒有任何一技之長……你不覺得，光用想的就頭皮發麻嗎？

魯迅所寫的《阿Q正傳》中的阿Q就是個很好的例子。阿Q是個貧窮的農民，因為頭腦不好，所以經常被大家嘲笑欺負，就連打架也打不過別人。阿Q什麼都不強，只有自尊心特別強。為了維護尊嚴，他總有辦法把事情「曲解」為自己的勝利，比方說，他認為人家打他，是看不慣他太厲害。就這樣，阿Q不斷為自己找藉口，做什麼都不肯努力，什麼都做不好，導致最後遭人利用慘死。魯迅筆下的阿Q是在象徵「清朝」和「中國人」，但在我看來，現代不少人也挺「阿Q」的。

只有努力過、成功過的人，才有資格說「想做就一定做得到」這句話。但這句「名言」實在害人不淺，甚至是導致日本整個國家沉淪的罪魁禍首，希望今後大家別再掛在嘴邊了。

此外，覺得自己「想做就一定做得到」的人，在遭受批評時，通常都很喜歡怪罪別人，像是「為什麼都沒有人懂我」「為什麼大家都誤解我」等。但多數情況下，大家並沒有「看錯」他們，如果周遭人對他的評語是「工作能力非常差」，那他就八九不離十是個草包；如果周遭人對他的評語是「個性不夠堅強，動不動就退縮」，那他基本上就是個軟弱無能的人。只能說，最不懂這些人的，其實是他們自己。

在電視界生存的關鍵

我在電視界打滾了三十年，看過不少「自我感覺良好」的年輕導播。他們不知道打哪來的自信，總是堅持己見，對前輩的建議充耳不聞，導致最後捅出大婁子，要人家幫他們擦屁股。

就我的經驗而言，「虛心受教」是電視界的生存關鍵，說得白話一點，就是敞開心房聽取前輩的意見。如果你是稀世奇才，自有一套成功祕方，當然可以堅持己見。但如果不是，那麼還是請你奉命承教，否則永遠無法成長進步。

不只電視界，各行各業都一樣。以職業棒球界為例，如果你不是鈴木一朗這種天才打手，就請乖乖聽從教練的意見。

這種「自我感覺良好」的人，和前述那種覺得「想做就一定做得到」的人一樣，他們不知道自己不擅長什麼，也不清楚自己的極限在哪。他們接下工作前，從不考慮自己的能耐，也因為這個原因，他們經常在期限前，才告知業主自己交不出來。

常有老闆級和經理級的朋友跟我抱怨道：「這些人如果早點表明難處，我們或許還有充裕的時間幫忙解決。但他們總愛拖到火燒屁股了才坦承做不到，這樣是要我們怎麼辦？」

「盡力」和「逞強」不一樣。這種人或許會心生悔意，但絕對不會反省自己。請容我再強調一次，只有努力過、成功過的人，才有資格說「想做就一定做得到」這句話。

你的努力真的沒有意義嗎？

很多人之所以不願意努力工作，是因為他們認為努力也沒有意義，所以沒有必要努力。也因為這個原因，很多年輕人都不願花心思挑戰新事物，甚至瞧不起努力做事的人。

現在社會上充滿了「努力不一定有回報，挑戰不一定有好處」的厭世風氣，很多人為了免於白費工夫，乾脆一開始就「擺爛」。聽說，愈來愈多高中生不願意用功讀書，因為他們覺得就算努力考上第一學府，人生也不會因此而翻盤，既然如此，何必那麼辛苦，每天讀得死去活來？

確實，努力不一定就有回報，挑戰不一定就有好處。但如果你不努力挑戰，永遠都不可能成功。

你身邊一定也有不積極進取，一天到晚盯著手機打電動的人吧？仔細觀察你會發現，大多這種人打的都是「落下型方塊遊戲」，也就是設法將落下的方塊堆疊消去的遊戲。這種遊戲為什麼那麼受歡迎呢？因為它非常簡單，不用絞盡腦汁即可嚐到破關的快感。照理來說，電動就是要有挑戰性才好玩不是嗎？然而，最近的熱門電玩反而都是較簡單、容易破關的遊戲。令人不禁大嘆，既然都花時間打電動了，何不挑戰有深度一點的遊戲呢？

當然，不想努力、不想挑戰是你家的事。但是，人生若從未全力拚過一次，豈不可惜？人生只有一次，不像電動一樣可以重新挑戰，若到了五、六十歲才發現自己荒度人生，可就後悔莫及了。

不為五斗米折腰的年輕人

我曾到埼玉縣的青年會議所演講，當時開車接送我的幹部是一位二手車公司的老闆，他正值而立之年，車程中我們相談甚歡。

我問他：「賣二手車最辛苦的事情是什麼？」他回答：「最辛苦的是洗車。」

「車子必須洗乾淨才賣得出去。夏天在大太陽下洗車特別難熬，所以常有員工在夏天離職。」

這位老闆告訴我，他們公司經常刊登徵人廣告，但每次都徵不到人。為了吸引年輕人，他將薪水從二十三萬日圓調到二十四萬，之後又調到二十五萬（約台幣六萬七千五百元），就是沒人來應徵。

這下他火了，索性把薪水調成十八萬（約台幣四萬八千六百元），但附加條件是「保證零加班、週休二日」，沒想到卻吸引了大批年輕人來應徵。這讓他感到匪夷所思，難道這些人比起賺錢，更喜歡休假嗎？

聽到這裡，我問他：「那後來徵到的年輕人，週休二日都在做什麼呢？」他回答：「沒做什麼。」

「咦？他沒有出去玩嗎？比方說跟朋友一起去海邊衝浪，又或是去哪裡走走之類的？」

「喜歡出去玩的人通常很需要錢。」

「也是。」

「我有一次也忍不住問了他，他說他沒特別做什麼，細問之後，才知道他假日都在打手遊。」

他的公司在縣內有不少據點，有一次，老闆想將該名年輕員工調到另一個據點，沒想到員工竟立刻辭職。問他為什麼辭職，理由竟是「離家太遠」，聽得老闆啞口無言。雖說新據點離他家確實有點距離，但整體的通勤路程不過增加一倍，從原本的二十分鐘，變成四十分鐘罷了。

據老闆說，那名年輕人仍和父母同住，過著衣食無缺的生活，出來工作只是為了賺零用錢，所以只要一點事情不合他的意，就會二話不說立刻辭職。那些因受不了在大太陽下洗車而辭職的年輕人，大多也都是不愁吃穿的「靠爸媽一族」。

根據日本總務省[1]的統計數字，二〇一六年，日本國內「二十歲到三十四歲」未婚和父母同住的人數高達九百零八萬人。雖然其中也包含還在讀書的大學生，但很明顯的，還是有很多年輕人無需為生活煩惱。也因為這個原因，不少年輕人都缺乏「為五斗米折腰」的決心。

只想做喜歡的工作？那就一輩子痛苦吧！

我前幾天去逛書店時，在架上看到崛江貴文的書《投己所好維生》[2]。其實不只崛江先生，現在愈來愈多名人都在鼓勵民眾從事「喜歡的工作」，他們個個都是人生路上的佼佼者，不是創業家、運動選手，就是偶像、作家、音樂家。許多民眾受到這些名人的影響，紛紛也以「想從事喜歡的工作」為由，辭去現在的工作。

然而在我看來，這樣就辭去工作實在有欠三思。雖然這麼說有點不好聽，但這些名人的話就像毒品一樣。他們都是萬中無一的天才、舉世稀有的成功人士，也就是說，他們的理論並不適用於所有民眾。

在我看來，「喜歡的事」是用來「花錢」而非「賺錢」用的，像是唱KTV、滑雪、兜風、看運動賽事等，都必須花錢才能夠享受。說得極端些，「喜

1 日本中央機關，相當於台灣的「內政部」。
2 好きなことだけで生きていく，Poplar 新書出版。

歡的事」是興趣更是樂趣——如果真有可以享受樂趣又能領錢的極樂世界，我一定衝第一個不落人後！

恕我直言，一心尋找「喜歡的工作」的人，最後通常都是竹籃打水一場空。重點不是「從事喜歡的工作」，而是「喜歡從事的工作」。任何工作都是一樣，只要你願意投入其中，一定能發現其中的樂趣，進而喜歡上它。

為什麼現在愈來愈多人只想做喜歡的工作呢？因為他們想用工作實現夢想。這種想法其實是「豐衣足食」「有錢有閒」的產物。若換到三百年前，根本沒有人追求喜歡的工作，又或是想要透過工作實現夢想。漁夫和農人無一不兢兢業業辛苦工作，武士若失去主家、淪為浪人[3]，為了三餐溫飽也只能委屈自己到江戶糊傘維生，又或是到私塾教書。相對的，現代人衣食無虞，無論從事什麼職業都能餬口，因此，「錢」已不是現代人找工作的唯一考量。

「用工作追求夢想」這種想法其實有點危險，因為大多人都無法「追夢成功」，最後很有可能因為失敗而自暴自棄。

前面提到，我爸爸曾在大阪市自來水廠當過臨時工。一九五〇年代，大阪的道路幾乎都沒有鋪柏油，如果沒有下雨，道路卻是濕的，就代表底下的水管破掉了。而我父親的工作，就是設法找出水管破裂的位置，然後用十字鎬和鏟子挖開地面，修復水管。

無論是炎夏還是寒冬，臨時工都得在大阪市內四處巡邏，只要有任何漏水的跡象，就必須立刻挖洞修補。沒人喜歡這種無趣的苦工，但為了養家活口，還是得咬緊牙根做下去。這份工作雖然辛苦，卻是一種服務與貢獻，若沒有這些工人的辛勞，就沒有今天的繁榮。只要換個角度想，你依然從工作當中找到價值與喜悅。

如果你一心追求「喜歡的工作」，想要透過工作來實現夢想，到頭來很有可能會傷害到自己。當然，你還是可以尋找喜歡的工作，但千萬不要太固執，以免得不償失。

3 流浪的武士，因離開主家、失去主家而失去俸祿的武士。

追夢是為了自我實現，工作是為了養家活口——若能夠如此「劃清界線」，你或許能活得更輕鬆。

大忙人從不浪費一分一秒

在前面幾章中，我勸各位拿出「逃離工作的勇氣」，對公司、工作忍無可忍便無需再忍，逃跑才是上策。但是，「逃跑」必須有一個大前提，那就是你已經試過「改善」卻無效。相信各位讀者當中，一定也有很多人不斷力求改善工作效率、簡化工作流程，但在此還是要建議大家，應隨時檢視自己的工作方式。

雖然這麼說有些以偏概全，但嘴上嚷嚷著自己有多忙的人，大多都不懂得管理時間。仔細檢視過一遍你會發現，自己在時間運用方面，還有很多可以改善的地方。

各位聽過帕金森定律（Parkinson's Law）嗎？此定律是由歷史政治學家帕金森（Cyril Northcote Parkinson）提出。簡單來說，就是「只要還有時間，工作就會不斷膨脹」。人總是下意識地分配時間，比方說，主管要你用一個上午把Ａ工作做完，你就會花上一個上午完成工作；但神奇的是，如果主管要你在一小時內完成Ａ工作，你還是能在一小時內做完，且成果跟花一個上午做完的差不多。

大多人之所以覺得自己很忙，是因為他們的時間「太多了」，經常下意識地浪費時間。

當時間夠用時，我們就會較為鬆散，有更多時間猶豫，又或是做一些無意義的事。但如果「只剩一個小時」，我們就會較為拘謹，生怕時間不夠用，反而更珍惜每一分每一秒。五分鐘有五分鐘的決策方式，但很多時候，無論你是花五分鐘還是花一整天，最後得到的結果都是一樣的。若花太多時間思考，有時反而會因為「想太多」而做出錯誤判斷。

如果你總覺得時間不夠用，可以試著縮短工作時間，像是把八小時「想成」

四小時，又或是刻意將期限提前。

看到這裡一定有人心想：「哪有那麼容易騙過自己啊？」如果你有這種疑慮，可以試著用人生的角度看待時間，比方說，你可以這樣想：「我今年四十歲，假設六十歲就死亡，僅剩下不到二十年可活。」這麼一來，時間是不是就顯得珍貴多了呢？

要怎麼將生產力提升到最高呢？事實上，每個人都有最適合自己的一套方法。

就拿我自己來說吧，我在寫小說時，每天都會聚精會神地寫十小時的稿子，連續一整個月閉關寫作。稿子完成後，就放自己兩、三個月大假，什麼都不做。每個作家的寫作方式都不一樣，有些人是每天寫一點，連續寫上好幾個月。這麼做或許產量較多，但我知道自己的個性不適合「積少成多」，所以才選擇「一鼓作氣」的方法。

請各位務必找出最適合自己的工作方式。

抱歉，有些離題了。總之，「適時逃跑」很重要，但可不能「什麼都逃，什麼都不奇怪」。若養成動不動就逃跑的壞習慣，很有可能逃了一輩子卻一無所獲。

第一章中提到，湯氏瞪羚對體力非常「精打細算」，為了維持體力，只有當獵豹進到一百到三百公尺的範圍內時才會拔腿逃跑。

對野生動物而言，「浪費體力」就是死路一條。各位可以湯氏瞪羚為榜樣，只有在真正面臨危機時才逃跑。否則逃到最後，只會發現自己不過是在虛度人生。

在本章結束前，我要再次提醒大家——

當唯有挺身戰鬥才能守護自己和家人時，請務必戰鬥到底，千萬不可逃跑。只有真正的卑鄙小人和膽小鬼，才會該戰不戰、當戰則逃。

第六章 逃離突發危機

消防員的悔恨

本章要和各位談談「突發危機」的對應方式。

日本是全球屈指可數的天災大國。地震、颱風、大雨、大雪、火山爆發……我們每年都會遇到各式各樣的自然災害。

其中，又以「地震」最應小心防備。現在的科技已能預測出颱風的路線與規模，供民眾事先做好防災準備，火山的影響範圍並不大，大雨、大雪也可做出某種程度的應對，唯有地震無法事前預測。若發生大地震，我們唯一能做的，就只有躲到安全的地方。

根據日本內閣府中央防災會議所公佈的數據，今後三十年內，日本東京發生芮氏規模七級的直下型地震[1]機率高達七成；發生南海海槽巨大地震的機率也同為七成。若發生南海海槽巨大地震，日本關西地區、四國、九州都將天搖地動。也就是說，在不遠的將來，日本很有可能再次遭到巨震侵襲，受災程度甚至可能超越東日本大地震。

東日本大地震的死亡、失蹤人數加起來高達一萬九千五百七十五名，其中有超過九成死因為「溺死」。地震發生後，海嘯襲捲岩手縣、宮城縣的沿岸地區，吞噬了無數的寶貴生命。

阪神・淡路大地震有八成死因為重壓或窒息，許多人當場遭倒塌的房子和傢俱壓斃。而大多東日本大地震的死者，則是因為未能逃過地震過後三、四十分鐘來襲的海嘯。

地震發生後，NHK東日本大震災企劃小組出了一本名叫《證詞記錄——東日本大震災》的書。讀到岩手縣陸前高田市的消防員熊谷榮規的證詞時，我忍不住熱淚盈眶，難掩心中激動。地震發生後，熊谷趕到鎮上的西水門確認水門是否關閉，之後便啟程回消防隊，其記述如下——

經過我家時，我瞥到我老婆一個人站在院子裡發呆。當時是三點多……應

1 震源位於城市、鄉鎮正下方，即震源位置與發生地相同或相近的地震。

該是五分到十分之間（百田註：地震發生時間為下午兩點四十六分）。

但是，我沒有下車叫她快逃，只是一邊廣播「請各位儘速撤離」，一邊往車站、往海邊的方向開。當時我根本就沒想到，之後竟會發生那麼大的海嘯。

下午三點二十五分，大海嘯席捲而來。熊谷見到「有如高牆一般」的海嘯後，全速衝到「Maiya超市」的屋頂上避難。在屋頂上，他親眼目睹高田鎮被海嘯吞沒。之後，一股強烈的悔恨感向他襲來——

海嘯結束後，我一邊烤火一邊全身發抖，這才想到我的家人。我兒子一個讀國中一個讀國小，當時還沒到放學時間，待在學校應該很安全。然而，一想到我老婆站在院子裡的身影，我就不禁悲從中來，我想她應該是凶多吉少了……

我親眼看到鎮上被海嘯吞沒，我心想，房子沒了，店也沒了……之後我該怎麼辦？正當我不知如何是好時，心中突然出現一個念頭：「只要我家那口子還活著，無論之後發生什麼事，我們一定可以一起撐過去！可是……她應該已經不在了。」

我感到懊悔萬分，為什麼當時我沒有下消防車，叫她趕快撤離到山上呢？我最應該救的不是附近的老爺爺老奶奶，而是家人、是我最親愛的老婆啊！當時我明明經過她身邊，為什麼沒有叫她呢？至今我仍記得當時的情景，我好後悔，後悔到想死，隔天早上還在後悔，腦中不斷浮現出我老婆呆站在院子裡的身影。

過了一晚後，熊谷遇見了他原本以為凶多吉少的消防分隊長，這讓他心中燃起了一絲希望。既然消防分隊長還活著，他老婆很有可能也活著，於是，他開始在支離破碎的鎮上四處尋找老婆的身影。

找了無數個避難所後，熊谷終於在小鎮邊界的一間小型公民館，找到了他老婆和江及一起避難的孩子——

見到她時，我們都哭了。除了「妳還活著」「謝謝妳還活著」，其他說了什麼、在想什麼，我已經不記得了。

有備無患的重要

疏散的快慢決定了生死，熊谷的太太能在那之後離開庭院前往避難所，可說是九死一生。

地震發生後，岩手縣、宮城縣的沿海居民，實際上採取了哪些行動呢？日本內閣府中央防災會議曾對避難所的居民做過一份問卷調查，發現岩手縣釜石市三人中有兩人「立刻疏散撤離」，宮城縣名取市則有六成多的居民「立刻疏散撤離」。

光就這個數字來看，似乎有半數以上的居民於地震來襲後立即採取行動。但要注意的是，這是針對「倖存者」所做的問卷調查。因海嘯而喪命的居民，大部分應該都沒有立刻撤離，由此可以推測，未即時前往避難所的人數比例應該更高。

問題來了，為什麼這些犧牲者來不及逃命呢？

其中一個主要原因是「預測失誤」。日本氣象廳[2]於地震發生三分鐘後發佈了「大海嘯警報」，當時他們預測的海嘯最高高度，宮城縣為六公尺，岩手縣為三公尺。也因此，岩手縣釜石市的街頭廣播內容為「三公尺高的海嘯即將來襲」，所以很多居民認為只要躲到二樓即可躲過海嘯。然而，實際上的海嘯卻有九公尺高。

很多人責怪氣象局的疏失，但遇到無法預期的重大災害時，本就很難發佈正確的資訊。建議各位，發生地震時，請務必自行判斷狀況，以最快的速度採取行動，而非聽信氣象廳的片面之詞。就算之後才發現不是大地震，也不會造成任何損失。被人笑是「膽小鬼」又怎樣？就當多一個笑話可以講吧！

我知道這麼說非常失禮，但我認為，那些在東日本大地震發生後，沒有立刻撤離又或是太晚撤離而遇難的人，大多都對「海嘯」缺乏危機意識。

雖說這只是我的想像，但如果同樣的災害發生在江戶時代，或許不會造成這麼嚴重的傷亡。當時的人非常看重老祖宗的智慧，也懂得居安思危、未雨綢

2 日本中央機關，相當於台灣的「氣象局」。

繆。有資料顯示，東日本大地震的海嘯並未沖到江戶時代的舊街道，可見古人很清楚海嘯的沖擊範圍到哪裡。

二〇〇四年印尼發生了一場大地震，許多人因海嘯而喪命，當時有座村落因逃過海嘯而聲名大噪。地震後，印尼海邊突然沒了海水，許多魚蝦擱淺海灘，民眾爭相搶著到海邊「撿魚」，據說那次海嘯之所以會造成如此嚴重的傷亡，就是因為大家都聚集到海邊的緣故。而該村自古便流傳著一句話：「海水空，上山逃。」看到海水退掉後，村民立刻逃往山上，這才躲過了一劫。

為了避免地震來臨時手忙腳亂，建議各位可以運用「預想法」，在腦中演練一次地震發生時要如何應對。

我在跟人討論事情前，都會先在腦中演練一次，預想對方會問什麼問題，而我又要怎麼回答。同樣方法也可以用在防災上，像是先躲到桌子底下、等搖晃結束後才去關火（仍搖晃時切勿衝去關火，以免發生危險）、撥打「報平安語音留言專線」[3]，確認親友是否平安、帶著緊急避難包前往指定場所避難等。這麼一來，地震來時才能冷靜應對，不會手忙腳亂。

生死一瞬間的倖存

我實際經歷過阪神・淡路大地震，幸運的是，我家並未受到嚴重損害。我的一些朋友在那場地震中失去了家，甚至失去了性命。據那些倖存的朋友表示，當時真的是「生死一瞬間」。

我有個朋友一個人住在公寓裡，搖晃停止後，他拔腿就往外衝，結果他才衝出家門，公寓就在他身後瞬間化為一堆瓦礫。如果他當時沒有當機立斷，可能早就喪命了。

另一個住在公寓二樓的朋友告訴我，地震結束後，公寓的樓梯就垮了，他因為無法下樓，只好留在二樓等待救援。我聽完後，只覺得他怎麼那麼沒有危機意識，還敢留在搖搖欲墜的公寓裡？幸好公寓最後沒倒，否則他很有可能也成了礫下亡魂。

3 台灣請撥打「一九九一」。

害人不淺的「正常化偏誤心理」

有人指出，東日本大地震之所以有那麼多人來不及逃命，是因為「正常化偏誤心理」作祟。「正常化偏誤心理」是災害心理學中常見的心理學用語，當遇到危險時，人們通常會將其「正常化」，做出「並不危險」的判斷。

遭遇到自然災害或重大事故時，人們很容易忽視又或是不重視「對自己不利」的資訊，說服自己那只是日常生活的一部分，告訴自己「應該不會怎樣吧？」「反正船到橋頭自然直」，因而耽誤逃命的時間。

你是否也小看了「防災警報」的重要性？

就我觀察，現代人的「正常化偏誤心理」是愈來愈嚴重了。

「J-Alert」——全國瞬時警報系統[4]就是典型的例子。大多日本人聽到

J-Alert的警鈴響起也完全不當一回事。若繼續抱著這種得過且過的心態，當發生攸關性命的大災難時，肯定無法即時逃命。

根據日本政府的調查，二〇一七年八、九月北韓發射飛彈通過日本上空時，九成的民眾都不為所動，只有百分之五的人依J-Alert的指示前往避難。數字之低，令人瞠目結舌。

部分民眾未行疏散是因為「不知道要到哪裡避難」，這還算是情有可原。然而，竟有四成五的民眾覺得「去避難也沒有意義」，只能說，這些人都是無憂無慮的傻瓜。

這些人到底在想什麼？是覺得自己不會那麼倒霉嗎？還是覺得要死大家一起死沒在怕呢？無論如何，他們都太不重視自己的性命了。人死不能復生，丟了性命可就來不及後悔了。

再跟各位分享一個更扯的例子。滋賀縣教育委員會為了教導小朋友北韓飛

4 日本的災害警報系統。一旦民眾身邊發生地震、火災、海嘯、戰亂等災難時，就會用刺耳的警鈴聲，透過手機簡訊等方式提醒民眾即時前往避難。

彈來襲時的對應方式，發給縣內小學宣導文宣，卻被該縣的教師工會以「會引發學童恐慌」為由要求撤回。神奈川縣藤澤市也有個自稱「市民團體」的組織，要求市政府不准再發佈 J-Alert 警報，原因也是因為「會引發市民恐慌」。看到他們一本正經地提出這種要求，真讓人不禁感嘆，這些人真是被「和平」沖昏了頭。

此外，京都府為民眾設有「京都府防災・防盜簡訊」網絡。然而，二〇一七年九月幾個強颱接連撲日過後，不少民眾都紛紛退訂簡訊，原因是「防災簡訊一直響，吵得睡不著」。

該簡訊包含了避難通知、河川水位高度、土石災害、犯罪情況等最新資訊。退訂防災簡訊，等於在緊急時刻放棄自救，真不懂這些人到底在想什麼。

在永續和平的理念下，日本人的危機意識已然麻痺。事前通知可大幅降低天災人禍的危險性，照理來說應該只求多不嫌少，怎麼會覺得多餘呢？

請容我再次強調。生命只有一次，我們應盡最大努力活到最後一刻。

第七章

為珍愛逃跑

幸福絕對基準

在最後一章中，我想跟各位聊聊本書一開始就提到的重點——「為了守護珍愛，我們必須明確決定該戰還是該逃」。

為了區分出「珍愛」，你必須制定一個「幸福絕對基準」。

對你而言，什麼才是幸福呢？

只要有了「幸福絕對基準」，就能在第一時間排出優先順序，做出「逃跑」或「捨棄」等抉擇。

假設你的「幸福絕對基準」是「家人的幸福」，那麼無論面臨任何困難，都應以「家人的幸福」為判斷基準，像是「這間公司，值得我犧牲家人的幸福來工作嗎？」「這段人際關係，值得我犧牲家人的幸福來維持嗎？」……等，凡事以「家人的幸福」為第一順位。這麼一來，面對不愉快的事情，才能夠當機立斷，立刻逃跑。

如果你的公司薪水很高，但每個月都必須加班超過兩百個小時，幾乎無暇陪家人。那麼，為了增加陪伴家人的時間，就能夠毫不猶豫的辭去工作。即便被公司降職、調職，也可以換個角度思考：「這樣就不用每天加班，可以多點時間陪伴家人了。」不被公司重視又怎樣？只要可以繼續留在公司就好。

有了「幸福絕對基準」，才能做出正確的人生抉擇。如果用「相對基準」來做判斷，就只能不斷跟別人「比較」，像是薪水高低、房子坪數大小、社會地位……等，這麼一來，你的幸福基準就成了「生活過得比別人優渥」。

這類人的比較對象不是社會大眾，而是身邊的人。像是公司同梯、學生時代的友人、小孩同學的父母……只要在這狹小的人際範圍中，擁有比較高的薪水地位、開比較高級的車，他們就滿足了。

然而，若以「生活過得比別人優渥」作為判斷基準，偶爾也會做出錯誤判斷。

比方說，A在一流企業工作，每天都承受龐大的工作壓力，導致身心都出了問題。但他卻因為不想離開一流企業、怕人家覺得自己是跟不上公司腳步的草包，所以不斷勉強自己繼續工作。最後A的健康情況惡化，只能夠辭去工作在家休養。

事實上，社會上像A這樣的例子比比皆是。很多人凡事以工作優先，妻小永遠排在公事後面，最後搞到鬧離婚，整個家庭支離破碎。

當然，如果你的「幸福絕對基準」就是「社經地位」，這對你而言或許是無悔的選擇。然而，大多人事後都是懊悔不已，不斷責怪自己「為什麼當初沒有好好休息」「為什麼當初沒有更珍惜家人」，這才發現自己愛的不是錢也不是地位，而是家人。

因此，建議各位還是要有一套「絕對基準」，否則就只能獲得「相對的幸福」，不斷跟別人比較。這樣真的能夠走上幸福之路嗎？

切記，一山還有一山高，無論你爬得再高、薪水再多、住家再大、太太再美、兒女學歷再優異，總有人比你更厲害。要當「親友第一」都很困難，更別提「世界第一」了。永不知足就永無幸福，就算真讓你爬上了龍頭，也難保有一天不會跌下寶座。

凡事都要比較的人，只要遇到一點挫折，或是比別人稍微差一點，很容易就會意志消沉。看到同梯先升官、學生時代的朋友賺比較多，就感到沮喪不已。還記得第三章提到的電視劇《半澤直樹》嗎？裡面的角色因為被公司「外調」而陷入絕望。你想成為這麼脆弱的人嗎？

同樣道理也適用於家庭主婦。光是跟其他媽媽比較老公薪水和小孩學歷，是無法獲得幸福的。

逃跑的小五郎

有了「幸福絕對基準」，我們才能屏除雜念，堅守自我生存之道。這麼一來，才能不受他人影響，沿著自己堅信的道路前進，在該逃的時候拔腿就跑。

在這裡，我想跟大家分享一位歷史人物的例子——桂小五郎，也就是後來的「木戶孝允」。

小五郎素有「劍豪」之稱，是長州藩[1]尊王攘夷派的志士。他的劍術非常出色，加入練兵館（江戶三大道場之一）後，僅花了一年就成為道場領袖。明治維新後，明治新政府發佈「五條御誓文」[2]作為國是方針，小五郎也參與了起草行列，致力推動「版籍奉還」[3]「廢藩置縣」[4]等政策。小五郎和西鄉隆盛、大久保利通合稱為「維新三傑」，但歷史評價卻相當兩極。因為他非常擅長逃跑保命，和坂本龍馬、高杉晉作這種「勇士」不太一樣。也因為這個原因，他還有個渾名叫「逃跑的小五郎」。

舉例來說，在「蛤御門之變」[5]中，常州軍和幕府方的會津[6]軍發生了武力衝突。小五郎雖是長州藩的京都代表，卻拒絕武裝入京，就連長州軍包圍京都時，他也不願加入長州遠征部隊。之後幕府軍反擊，團團圍住了京都的長州屋敷，想要逮住小五郎。然而，小五郎沒有出面迎戰，而是逃到諸侯的宅邸四處躲藏，最後好不容易才逃出京都，到但馬初石城下隱姓埋名，偽裝成一家雜貨店的老闆。

小五郎的「逃跑史」可不只這些，為了逃過敵人的眼線，他扮過乞丐，穿過女裝。據說，他扮成乞丐逃到橋下時，全身只有內褲是潔白的，其他乞丐都覺得他很奇怪。

很多人認為小五郎是個不折不扣的「膽小鬼」，在藩面臨存亡危機時，他卻不斷在逃命。但我認為他不是膽小鬼，而是值得我們效仿的對象。

為什麼呢？因為小五郎之所以四處逃跑，是基於「廢除幕府，重新立國」這個大義名分。如果他為了逞一時之快而丟失性命，又怎能實現目標呢？因此，他寧願當個「膽小鬼」，也要努力活下去。

1 現山口縣地區。
2 五箇条の御誓文。
3 大名向天皇交還領土和臣民。
4 廢除傳統大名制度，設立新的地方政府。
5 蛤御門の変，又稱「禁門之變」
6 現福島縣地區。

一般武士的自尊是不允許自己扮乞丐的，但小五郎對此卻毫不在意。最後，他成功活了下來，為明治時期的日本打下堅實的基礎。

在大部分世人眼中，「戰鬥」才是勇敢的行為。但在我看來，為了大義名分而不斷逃跑的桂小五郎也非常勇敢。

《永遠的〇》：宮部久藏的生存之道

有了「幸福絕對基準」，我們才能堅守自我生存之道。我的小說處女作《永遠的〇》中的男主角祖父——宮部久藏，就是非常典型的例子。

我先簡單介紹一下故事大綱。久藏是海軍數一數二的零戰[7]駕駛高手，當時軍隊講求「不怕死」「奮戰到底」的精神，久藏卻公開表示自己「想活著回家」，因而成了軍隊眼中釘，被人嘲笑是「膽小鬼」。

為了活著回家，久藏可說是用盡了各種手段。駕駛零戰時，為了在第一時間發現躲在後方的美軍敵機，他三不五時就轉頭檢查後方。當兩軍進行「空戰」時，他總會飛離戰場，以免被捲入混戰之中。這些行為讓部下非常瞧不起他。

久藏之所以想要「活著回家」，不是因為珍惜自己的性命，而是他曾答應新婚妻子要活著回去見她。

他也認為，唯有設法活下去，才能對美軍造成更多損害。與其在混戰中丟失性命，倒不如當逃則逃，活下去繼續與敵人戰鬥。

因此，久藏並不在意人家笑他是「膽小鬼」，也不把部隊的評價當一回事。只要有必要，他就會一溜煙逃跑。

事實上，宮部久藏的原型之一是零戰駕駛員——岩本徹三。岩本先生是帝國海軍的王牌駕駛員，曾擊落兩百架飛機。他認為飛行員的工作是保住性命來攻擊敵軍，因此拒絕了上頭的特攻[8]命令。正因為他很清楚什麼才是真正重要、

7 全名為「零式艦上戰鬥機」，是二戰期間大日本帝國海軍的主力艦上戰鬥機。
8 全名為「特別攻擊隊」。第二次世界大戰末期日本失利後，開始要求飛行員進行「自殺式攻擊」，駕機撞擊盟軍艦船。

真正寶貴的東西，才能夠鼓起勇氣拒絕特攻。

「工作」能成為「幸福絕對基準」嗎？

看到這裡，相信各位已經明白「幸福絕對基準」的重要性了。問題來了，我們該以什麼為絕對基準呢？

在我看來，什麼都可以，只要當事人能夠接受即可。

日本人個性勤勉，應該有不少人都將「工作」設為自己的「幸福絕對基準」吧？

假設你為了創業，毅然決然辭去原本的工作，賭上人生、創辦公司，像守護孩子一般看著公司日漸茁壯——這種人將「工作」設為「幸福絕對基準」，我還可以理解。

但是，如果你將「工作」設為「幸福絕對基準」，只是因為「工作很愉快」，那我就不敢認同了。你真的願意為了「工作」放棄其他人生大事嗎？

我認識一名非常熱衷於工作的女性。她認為結婚會耽誤事業，若生了小孩、丈夫遭到調職，還必須辭去工作。因此，她決定「終生不婚」。

但我不禁懷疑，這樣的人生退休後還剩下什麼呢？或許對該名女性而言，「公司」就是她的結婚對象，可是一旦六十歲退休後，她就必須與公司離婚，落單成為孤身一人。到時若發現自己一無所有，她難道不會後悔嗎？

此外，你寧願犧牲健康，也要將工作擺第一嗎？恕我直言，工作根本不值得你犧牲至此。

在我看來，「工作」只是養家活口的手段。若將工作視為「人生的目的」，辭掉工作後人生不就結束了嗎？公司充滿了不穩定因素，為了公司賭上人生，只會讓自己的人生岌岌可危。

無可取代的只有「家人」與「自己」

就像我在本書開頭所說的，我的「幸福絕對基準」是「自己」與「家人」。只要能顧好兩者，其他事情都不是重點。

自己活得健康、家人過得快樂，才是最最最重要的。

我很喜歡寫小說，但沒了這份工作我也無所謂。我年過五十才當上小說家，在那之前，我是幫電視台寫搞笑短劇和節目劇本的編劇。我從不打算為工作犧牲奉獻，只要遇到待遇更好的工作，我絕對是義不容辭，立刻轉換跑道。就像我四十歲時，曾認真考慮要不要改到房地產公司工作。

若我在年輕時失業，為了養家活口我願意做任何工作。不過，現在我已年過耳順之年，孩子都長大了，就算不辛勤工作，生活也還過得去。

珍惜家人是天經地義，工作可以換，家人卻是無可取代。世上有些人將「離婚」看作「換家人」的手段，對這些人而言，家人是可以取代的。不禁讓人懷疑，這樣的人生難道不空虛嗎？他們的人生究竟為何而活？

請容我再次強調，工作可以換、朋友可以換，家人卻是無可取代。若你把陪伴在身邊的人視為理所當然，把可以取代的事物放中間，家人放旁邊，會發生什麼事呢？答案是「白頭不偕老」——老年離婚。

很多人好不容易把孩子長大、光榮退休後，太太卻突然鬧離婚：「我已經受不了你了，我忍很久了，再也忍不下去了」「我不想跟你住進同一座墳墓」。大多人面對突如其來的離婚要求都目瞪口呆，不知如何應對，因為他們根本沒發現太太有離婚的念頭。雖然這些人「老來失婚」有點可憐，卻完全不值得同情。他們的驚訝與不知所措，恰巧證明了一直以來對家庭的不重視。

我的脾氣不好，翻臉跟翻書一樣快，但我從來沒對我太太發過脾氣。同住一個屋簷下，她的言行有時確實會惹火我，但發脾氣前我都會心想，如果我可以忍受工作上的不愉快，卻無法忍受我最珍愛、每天幫我洗衣做飯的人，這不是太奇怪了嗎？

有一次我在雜誌上寫了這件事，我太太看完後跟我發脾氣說：「你說你忍受我？我忍受你的事情才多呢！比你多一百倍！」想想她說得一點都沒錯，於是我趕緊藉此機會跟她賠罪。

但請別誤會，我並非要各位對另一半「暢所欲言」。正因為他們是我們重視的人，我們才更應注意他們的感受，不可口無遮攔。

然而放眼社會，許多人在外面唯唯諾諾，把真心話往肚裡吞，回到家卻對為自己盡心盡力的太太亂發脾氣。這種人根本沒搞清楚人生的優先順序，最後肯定會落得悔不當初的下場。

請各位務必想清楚，對你而言，人生最重要的是什麼？這不僅是為了培養「逃跑力」，也是為了不讓人生留下遺憾。

尋找自己的珍愛

因此，對有家人的人而言，「幸福絕對基準」通常都是「家人的幸福」。

各位讀者之中，一定也有不少單身沒有小孩的人。根據日本人口普查所做的「生涯未婚率」（五十歲前未結過婚的人口比例）調查結果，二〇一五年男性為百分之二十三點四，女性為十四點一。也就是說，每四個男性中，就有一個是終生單身。

此外，最近年輕人的結婚意願大幅下降。根據明治安田生活福祉研究所做的「未婚人士調查」，二〇一三年「想結婚」的二十至二十九歲的男性有百分之六十七點一，二〇一六年只剩下百分之三十八點七，短短三年就下降了二十八點四的百分比；二〇一三年「想結婚」的女性為百分之八十二點二，二〇一六年卻下降了百分之二十三點二，只剩百分之五十九。

看到這裡或許有人心想：「才二十幾歲，還不想結婚很正常啊！」那麼我們來看看三十到三十九歲的數據，男性方面，二〇一六年為百分之四十點三（二〇一三年為五十二點九）；女性方面，二〇一六年為百分之四十五點七（二〇一三年為六十點三）。也就是說，三十歲以上的「未婚族」有一半都不想結婚。

若「不婚族」的比例繼續升高，今後會有愈來愈多人必須尋找「守護家人」以外的幸福價值觀。

在我看來，身處於這個時代，我們更應該設法找到珍愛，努力守護某人，為某人而活。

各位都知道貝多芬的《第九號交響曲》吧？《第九號交響曲》的第四樂章，是貝多芬為詩人席勒（Johann Christoph Friedrich von Schiller）所寫的〈歡樂頌〉（*An die Freude*）一詩所譜的曲。貝多芬二十幾歲時就想幫這首歌譜曲，直到晚年才實現這個願望。

很多人以為這首詩在歌頌「四海之內皆兄弟」「人人皆友」等精神，但仔細看你會發現，原詩內容恐怖得令人頭皮發麻——

「啊！朋友……（中略）……歡樂！眾神絢麗的靈感，極樂世界的仙女，我們像火一般如癡如醉，走進汝的崇高聖地，潮流將我們強行分離，汝的神力將我們合而為一，在汝柔軟的羽翼下，四海之內皆兄弟。」

「誰有摯友，誰有嬌妻，快找大獲全勝者來普天同慶。」

「就算只有一個，只要他有知己，就加入我們普天同慶。」

到這裡都還好，問題是之後的段落，各位看完後可以先想想，席勒到底想說什麼呢？

「如果都沒有，就讓他嚶嚶哭泣，離開同盟而去。」

也就是說，〈歡樂頌〉的歌詞內容是說：「如果你沒有半個朋友，也沒有愛妻，也沒有家人，就離開我們這個團結同盟！」原本以為這是一首溫馨的詩，最後卻帶出了非常苛刻的訊息。

席勒的這首詩中，藏有非常重要的人生奧義——人類真正的喜樂，是找到最珍愛的另一半與家人。而貝多芬也非常認同這一點。

找到珍愛，才能為賦予生命真正的價值。有他們陪伴身邊，我們才得以在人生路上繼續前進。

貝多芬二十年來與不少非凡女性譜出戀曲，但終究沒有找到終生伴侶。所以他才會對席勒的詩有所感觸，晚年全心投入創作，寫出偉大的《第九號交響曲》。

在第四章中，我向各位介紹了《向生命說 YES！》的作者——維克多．弗蘭克。弗蘭克在集中營受盡折磨，全靠與「假想妻子」聊天，才得以撐過苦難。他在書中這麼寫道——

「假想妻子的身影豐富了我的精神，以前過正常的生活時，我從未有過這樣的經驗，她是如此令人驚艷而栩栩如生……（中略）……終究，愛是人類提升心靈層次的最終解藥，令我接連體驗到了最棒的真理。」

有一次，弗蘭克見集中營裡的一名男子打算自我了斷，便請他想想在國外等他平安歸來的孩子。該男子一想到心愛的孩子，就無法輕易捨棄自己的性命——這，就是「愛」的力量。

親情擁有神奇的力量，能救人於絕望深淵。

妻子、丈夫、孩子、LGBT[9]的另一半……在這樣的時代，要找到這樣的伴侶談何容易，但我們還是得努力尋找珍愛。有珍愛的支持，我們才能有所救贖，獲得逃跑的力量與勇氣。

9 女同性戀者（Lesbian）、男同性戀者（Gay）、雙性戀者（Bisexual）及跨性別者（Transgender）的縮寫。

參考文獻

高橋幸美・川人　博『過労死ゼロの社会を』連合出版
小原秀雄『「弱肉強食」論』明石書店
ギルバート・ウォルドバウアー著、中里京子訳『食べられないために』みすず書房
P・J・B・スレイター編『動物大百科第16巻　動物の行動』平凡社
今泉忠明『誰も知らない動物の見かた〜動物行動学入門』ナツメ社
笠谷和比古『徳川家康』ミネルヴァ書房
石原慎太郎ほか『織田信長の研究』プレジデント社
鶴間和幸『中国の歴史03　ファーストエンペラーの遺産』講談社
司馬遷著、小竹文夫・小竹武夫訳『史記Ｉ　本紀』ちくま学芸文庫
野口　健『落ちこぼれてエベレスト』集英社文庫
岡田尊司『生きるための哲学』河出文庫
今野晴貴『ブラック企業』文春新書
今野晴貴『ブラック企業2』文春新書
コンラート・ローレンツ著、日高敏隆訳『ソロモンの指環』ハヤカワノンフィクション文庫

大内裕和・今野晴貴『ブラックバイト〔増補版〕』堀之内出版
細井和喜蔵『女工哀史』岩波文庫
百田尚樹『大放言』新潮新書
百田尚樹『鋼のメンタル』新潮新書
片田珠美『他人を攻撃せずにはいられない人』ＰＨＰ新書
ヴィクトール・Ｅ・フランクル著、霜山徳爾訳『夜と霧』みすず書房
ＮＨＫスペシャル取材班『震度７　何が生死を分けたのか』ベストセラーズ
ＮＨＫ東日本大震災プロジェクト『証言記録　東日本大震災』ＮＨＫ出版
広瀬弘忠『きちんと逃げる。』アスペクト
百田尚樹・石平『「カエルの楽園」が地獄と化す日』飛鳥新社

・綠蠹魚 YLP27

逃跑的勇氣 積極的逃，是為了在人生中贏得最後勝利

・作　　者 百田尚樹
・譯　　者 劉愛夌
・校　　對 陳琡分
・封面設計 萬勝安
・內頁排版 A.J.
・行銷企畫 沈嘉悅
・副總編輯 鄭雪如

・發行人 王榮文
・出版發行 遠流出版事業股份有限公司
100 臺北市南昌路二段 81 號 6 樓
電話 (02)2392-6899
傳真 (02)2392-6658
郵撥 0189456-1

著作權顧問 蕭雄淋律師

ISBN 978-957-32-8441-3
2019 年 2 月 1 日 初版一刷
售價新台幣 280 元（如有缺頁或破損，請寄回更換）

遠流博識網 www.ylib.com E-mail: ylib@ylib.com
遠流粉絲團 www.facebook.com/ylibfans

逃跑的勇氣：積極的逃，是為了在人生中贏得最後勝利 / 百田尚樹作；劉愛夌譯．-- 初版．
-- 臺北市：遠流，2019.02
192 面；14.8×21 公分．--（綠蠹魚；YLP27)
譯自：逃げる力
ISBN 978-957-32-8441-3(平裝)
1. 成功法 2. 生活指導
177.2　　107023342